SHODENSHA
SHINSHO

法華経入門

——七つの比喩《ひゆ》にこめられた真実

松原泰道

祥伝社新書

本書は、ＮＯＮＢＯＯＫ「法華経入門」（一九八三年、小社刊）を新書化したものです。

初版時のまえがき

釈尊が、紀元前五世紀のころ、多くの教えを説かれたという中インドの霊鷲山《りようじゆせん》に三年前、私は多くの同信の友と、三たび登ることができました。とくに山頂でご来光を拝み、『般若心経』や『法華経』を読誦《どくじゆ》し、坐禅をした感激は忘れられません。

そのとき以来、私は法華経を学びたいと念じつづけてまいりましたが、今回多くの方々の力に支えられて、ようやくその願いが適《かな》えられました。ありがたいことです。

私は先に般若心経を読んで、大乗仏教の「空《くう》」の思想のすばらしさに引きつけられました（拙著『般若心経入門』祥伝社新書）。法華経も心経も、ともに「空《くう》」に基づく点に変わりはありませんが、自《おのずか》らデリケートな差異があります。詳しくは本文にゆずりますが、心経は理論的で哲学性を、法華経は現実的で積極性を持っていると考えてよいでしょう。

凡人の私たちは、心経の説くように、たとい苦楽には実体がない、空《くう》なのだとわかってはいても、やはり苦はつらく、楽はたのしいものです。法華経は、人間の現実の心情を否定することなく、「苦しいときは逃避しようと考えずに、すなおに苦と受けとめよ」「楽しいときは、すなおに楽しむがよい」と積極的に肯定し、しかもそれに執《とら》われないようにと教えています。

おもいますのに、現代人は合理的思索に馴《な》れすぎています。しかし、社会も人生も複雑ですから、合理性一辺倒では理解できない事柄《ことがら》が多々あります。むしろ、論理の法則に当てはまらない非合理（不合理ではない）な事象のほうが多いものです。したがって、論理的に規定しつくせないものは、情緒的なこころで感じとる必要があります。すなわち、合理的発想に柔軟性を与えんとする法華経の学習が、現代人には不可欠なのです。

ところで、法華経の基本にあるのは、「人間はみな仏性《ぶっしょう》を具《そな》えている」との人間観です。仏性とは、仏に成れる可能性のことで、平たくいうと純粋な人間性・本当の人間性のことです。

また、法華経は、全28品《ほん》（章）に及ぶ膨大な経典ですが、その内容は、ドラマチックで、かつ示唆《しさ》に富む多くの譬話《たとえばなし》（比喩《ひゆ》）に充《み》ち満ちています。中でも、とりわけ深い真理を示唆する七つの喩《たとえ》があり、〝法華七喩《ほっけしちゆ》〟として、昔から採《と》りあげられてきました。私もまた、この七喩に法華経のこころが凝集《ぎょうしゅう》されていると信じ、これを中心に本書を構成していこうと思います。比喩は、たんなる譬話《たとえばなし》ではなく、真理そのものの表象であることを、非合理の心情で接するなら、法華経に限らず、大乗仏教の思想も理解されることと、私は信じます。本書によって、法華経という大きな真理に接する喜びを、おひとりでも多くの方が味わわれるよう、念ずるしだいです。

昭和五十八年六月二十日

北軽井沢・日月庵《にちげつあん》坐禅堂にて　松原泰道《まつばらたいどう》

目次

1章

法華経――限りなき人間賛歌

――私たち現代人の心は、いま何を求めているのか

(1) 現代人に、いま何が必要か

〝心の焼野原〟を救うものは何か

あなたは
勝つものとおもつてゐましたか
と
老いたる妻の
さびしげにいふ
（土岐《とき》善麿《ぜんまろ》「夏草」）

土岐《とき》善麿《ぜんまろ》さん（一九八〇年没）は、現代のすぐれた歌人の一人でした。前記の作品は、日本の敗戦で終戦を迎えた日に、土岐先生が周囲の焼野原を見回しながら、夫人と語りあわれた会話をそのまま歌にされたものです。数多くの終戦挽歌《ばんか》の中でも、とくに名作に入る一首であると推賞されています。

大戦災で受けた国土の荒廃は、私たちにとって永久に忘れられないところです。さいわいに日本は復興して、国民の生活は戦前以上に充実しました。しかし、土岐善麿夫人のように敗戦を予知する人はあっても、今日のような心の荒廃を予想した人がはたしてあったでしょうか。戦争の後遺症状はいよいよ悪化しつつあります。親を殺し、子を殺す悲しい事件が続きます。暴力行為は大人の社会から子どもの社会にまで染《し》みこんでいて、テレビのニュースを見聞きするのも、恐ろしい毎日です。

現代は、心の荒廃の時代だといわれますが、私は、荒廃どころか〝心の焼野原〟を悲しまずにはおれません。荒廃は荒れはてることですが、焼野原は地上に一物も止《とど》めず、大地まで焼いた荒廃以上の焦土の状態だからです。

しかし、私たちは焼野原に落胆することは少しもありません。原爆被災直後の広島市は、たしかに見渡すかぎりの焦土でありました。数十年の間は草一本生《は》えないだろうと歎かれたものですが、現在の広島市は、周知のような大都市になって繁栄しているではありませんか。

今の日本人の焼野原の心も同じです。荒廃し痩せた大地よりも、焦土のほうが草木の芽吹きが早いように、悪徳の業火《ごうか》で焼け尽くされた人間の心にこそ、新生の息吹《いぶき》を期待したいのです。

現代人の新生を願うのには、まず、人間の心の奥底に埋《うず》みこめられている、純粋にして真実な人間性（仏性《ぶっしょう》という）の存在を信じることです。そして、この仏性を開発する努力を怠らないなら〝人間復興〟は可能です。

私たちは、なによりもまず人間である事実を確認しましょう。人間は人間であることに目覚めて、はじめて、人間に成れるのです。人間を最終的に救うのは、人間の目覚めです。人間が人間を度《すく》わなかったら、誰が人間を度ってくれますか。いま一番しなければならないことは、人間が信じあうことです。どのような人でも、その人の心の奥底に、人間を人間たらしめる「仏性」が埋みこめられているという事実を信じることが、いま何よりも大切です。

それゆえに、いま私たちは人間を讃《たた》える法華経を学ぶのです。

般若心経と法華経は、どう違うか

思えば、今からおよそ十年前に、私たちは〝昭和元禄〟の物の豊かさを謳歌し、うぬぼれと思いあがりの自己顕示に夢中でした。私が『般若心経入門』（祥伝社新書）を著《あら》わしたときは、そんな時代背景がありました。

般若心経は「おい、気をつけよ、いくら財産があっても、死ぬときには紙幣一枚も携行《けいこう》は許されないぞ」と、また「目を覚《さ》ませ、『おれが、おれが』と大きな顔をするな、いつ死ぬかわからないのだぞ」と教えてくれました。かく人生の空《むな》しさを知らせ、空しきがゆえに、ものごとに執《と》われることの愚かさを知らせ、いま・ここ・そして自分を大切にせよ、「空《くう》」を充実せよと、人間をリードしてくれるのが、般若心経の教えだったのです。

とりわけ、般若心経は、否定の否定、つまり否定を二つ重ねて事実を肯定し、確認する認識の実践を教えます。

私は、心経が示唆《しさ》する否定の否定のはたらきを、二個の凸レンズを重ねて見るのにたとえます。つまり第一レンズを通して見ると、ものは逆《さか》さに見え、さらに第二レンズを通して見ると、逆さに写っているのがさらに逆さまに写って、もとの形にもどります。

なぜ、こんな煩瑣《はんさ》な考え方が必要かというと、見たままに知るだけでは、常識をそのまま認めることにすぎません。しかし、それを一度否定することによって、常識を乗り超《こ》えた、正しい知識に目覚めることになるのです。

たとえば、誰が見ても「美しいお月さま」を一度美しくないと見ることによって、常識的美観に執《とら》われなくてすむようになります。しかしそのままだと、皮相な判断か虚無感に落ちてしまいます。そこで、もう一度否定し、最初の観察を乗り超えると、本質的に、心から「お月さまの美しさ」が仰げるようになるのです。

奈良東大寺の清水公照《しみずこうしょう》長老は、ある外人に空《くう》の思想を問われて、〝腹が減ったら、何でもうまい、その状態こそ空だ〟と教えられました。この平易な言葉の底に、「ひとたび無我になると、世界（の見方）が一変し、ものの本質を正しく客観的に見ることができる」という深い教えが秘められているわけで、これを見落としてはなりません。

これに対して、法華経では、肯定の肯定という積極的思想で真理を説いています。たとえば、花が咲き、葉が散るのは一過性の無常なものではない、その現象の奥に永遠の真理（久《く》遠《おん》のいのち）が潜《ひそ》んでいることを示すと考え、どこまでも現実を肯定するのです。おもえば、般若心経で「空を知る知恵」を学んでも、学んだままでは観念で終わってしまいます。しかも、社会生活をしているかぎり、山中で修行するわけにもいきません。たとい、どろどろの生活でもいい、いま、ここで豊かに生きたいと願わずにはおれないのが、世俗に生きる一般人の本音《ほんね》というものでしょう。この意味で、きわめて現実を直視する立場に立つ法華経の教えは、日常生活を営む私たちに、素直に受け入れられやすいものだと言えるのです。

私がバチカン宮殿で見た、奇怪な大理石像

さらに、私が法華経の入門書を書こうと思いたつ契機となった決定的な出来事がありました。それは、昭和五十五年に、私がバチカンのローマ法王庁を訪ねたときのことです。仏教伝道協会会長沼田恵範《ぬまたえはん》氏の「世界のホテルに、それぞれの自国語に翻訳された仏教聖典を贈呈したい」との発願《ほつがん》から、私が団長を依頼されて二十三人の一行とともに、ヨーロッパに渡り、各地をまわったわけですが、それを機会にバチカンの法王庁にも仏教聖典を贈ることになったのです。

そしてその贈呈をすませたあと、バチカン宮殿の一室に飾られた数多くの古い芸術品を見せていただきました。その中で、とくに私の印象に残ったものがありました。

それは、大理石像の神の左頬《ほお》に、骸骨の人間が砂時計を突きつけており、やむなく神が顔をそむけているという奇異な作品です。その解説には、「神に砂時計を突きつける姿に、それまでの不便な日時計に代わって、便利な砂時計を開発した人間の知性の誇りを示す。しかし、人間が科学文明品を次から次へと開発するうちに、人間性を失った事実を骸骨で表わす」とありました。

私は考えさせられました。砂時計をコンピューターに置き換えれば、現代のテーマとなり

ましょう。あらためて見直すと、骸骨人間の両側に二人の天女がたたずんで、彼をあわれむかのように、何かを恵もうとしています。説明を求めますと、

「『真実』と『徳』とを与えることで、骸骨を肉づけし、人間を復活させようとの神の愛を示す」

と教えてくれました。私は、また思いを深めずにはおれませんでした。真実とは、神のこころ、徳は神の徳性でしょう。私は、このときから「人間復興」を私の念願としたのです。そして、徹底的に人間性を讃える法華経を学ぼうと誓いました。

法華経でいうと、神の真実は「仏性」に、徳は「体験によって得る人間性」に相当しましょう。ただし、仏性も徳性も、ともに与えられるものでなく、本来、人間に具《そな》わっているのであるが、現実には、この尊い事実を忘れているとするのが法華経の人間観です。

私たちは、あまりにも機械的、合理的なものの考え方に馴《な》れすぎました。合理的というよりも、むしろ自分の頭脳の働く範囲内でものごとを理解しようとし、それができないときは「不合理」だとして信じません。また、目に見えない事実は、「虚像」と呼んで否定するのが、現代の傾向のようです。

その結果は、広い広い宇宙や人生を、自分で狭め、縮める、愚かな自殺行為につながって

いるのです。

非合理的なものの見方を、身につけることの大切さ

　不合理と非合理は、まるで違いますから一緒にしてはなりません。「不合理」は道理に合わず、また論理的にも筋が通らない矛盾をいいます。たとえば、〝私の兄は、私より齢《とし》が下である〟と言っても、誰も信じないでしょう。それは不合理だからです。

「非合理」は哲学用語で、合理的な知性では理解できない、つまり、論理を超えた認識のことをいいます。だから、芸術的価値も非合理性に基づきます。「悪魔に神を見る」というのも、芭蕉《ばしょう》の名句「閑《しず》かさや岩にしみ入る蟬《せみ》の声」もそうです。蟬の声が岩にしみとおる道理などあるわけがありません。しかし、そうした比喩《ひゆ》的表現を借りなければ表現できない真理がある、という事実を知るべきです。

　また、私たちは合理的であろうとするために、相対的にものを考えすぎます。白に対して黒といったように、何か比較する対象がないと判断ができないと決めています。三段論法は、合理性と相対とによって生まれた論理方式です。しかし客観的に、また相対的に考えるだけでなく、主観的に、絶対的に思索する仏教的発想法を、「三段論法」に対して「一段論

法」（近重真澄《ちかしげますみ》著『参禅録』大蔵書店刊）と呼びます。しかも一段論法で言う絶対とは、自分に対するもの自体に、自分自身がなりきってその場に立つ意味の絶対ですから、相対に対する絶対の意味ではありません。つまり、相対するものを包括《ほうかつ》し、矛盾を解決（止揚《しよう》）するのが一段論法の結論となります。

私は、現代の焼野原の心に、豊かな人間性が、少しでも早く芽ばえるようにと祈願しておりますが、そのためには、ものごとを非合理的に深く認識する学習を少しでも積む必要を感じます。しかし、これは現代から逃避する意味ではありません。私たちは、少なくとも一度は、合理的認識を超えて、非合理的なものの見方や考え方を味わわなかったら、現代人が謳歌する合理主義すら、正しく把握できないことでしょう。

言い換えると、合理主義を超えた非合理の世界に学び、再び合理の社会へもどってこそ、より深い、正しい合理的生活ができるということになります。その学習に最適なのが、比喩によって、非合理の真実を説く法華経の思想を身につけることです。「いま、なぜ法華経か？」という問いへの答えは、以上でおのずから明らかでありましょう。

法華経の統一テーマ――「諸法実相《しょほうじっそう》」

法華経の内容は多岐《たき》にわたっています。しかし、一言でその教えを尽くそうとするなら、「すべてに仏性《ぶっしょう》は宿る」・「諸法《しょほう》（現象）の真実をさとる」といえましょう。そして、その思想と教えを学ぶために、法華経を学習するのが本書の目的でありますが、それだけではありません。すべてに仏性が宿ると信ずる心に、人間関係をどう考えるか、また諸法を実相と見つめる目に、現実の私たちのありようがどう映るか、そして、どのように私たちの生き方を修正すべきか――これらを身につけたいと、私は願うのです。

諸法は、宇宙間にあるすべてのものや現象をいいます。具体的に言うと、山や川や森などの自然のたたずまいから、時計やテレビなどの事物のすべてが諸法です。また、花が咲き、鳥が鳴く現象も諸法です。この諸法は、神でもなければ我《が》があるのでもない、すべては「目に見えない法（真理・真実）の相《そう》」であると教えるのが、諸法実相《しょほうじっそう》の教えです。相はすがたですが、目に見える姿とは違います。

たとえば「人相」という場合の相です。外からは見えないその人の性格などが、その人の顔つきに現われているのを、私たちは「人相」というでしょう。それと同じように、私たちの目には見えない宇宙の真理が、目前の現象に現われているから諸法実相というのです。

先に、私は真理（真実）と申しましたが、真理ないし真実と、事実との相違をはっきりしておかなければなりません。事実は「事柄」です。花が咲いたり鳥が鳴いたりする目前の現象、事柄のことです。真実とは、世間の通念では、嘘でない本当のことですが、仏教用語では、さらに「真理がありのままに、隠すことなく事実にあらわれている」という深い意味になります。換言すると、「真実とは、事実の奥にひそむ真理」となります。

リンゴが樹枝から地に落ちる現象は、誰の目にも見える「事実」です。この事実の奥に万有引力の法則（真理）が潜んでいると理解するのが、「真実」を知る一例です。事実は目に見えても、真理は目に見えません。しかし詩的なこころをもってすれば、目に見えるリンゴの落下に、目に見えない引力を見ると表現できましょう。すると、現象や事実は、真理や真実が表示された相《すがた》であるとも言えるのではないでしょうか。法華経はこうした表現方法を採《と》っています。

(2)　比喩《ひゆ》が告げてくれる真実

本書の柱　〝法華経七喩《しちゆ》〟とは

法華経の大きな特徴は、比喩《ひゆ》をきわめて多用している点です。日本の古い川柳に、〝釈迦《しやか》牟尼《むに》はバカにたとえが上手《じようず》なり〟とありますが、釈尊《しやくそん》は、後にも記すように、すばらしい教育者でした。相手に応じて、さまざまの譬《たと》え話で教えを説いて、理解を深めさせたのです。後になって釈尊の比喩を読むと、立派な文学作品になっていることがわかります。とくに比喩の説法の多い経典が、この法華経です。

法華経は全二十八巻、すべて比喩といっていいほどたくさんの比喩が説かれています。中でも古くから、左記の七話が〝法華経七喩《しちゆ》〟といわれて、ひじょうに有名です。

一、「三車火宅《さんしやかたく》の喩《たとえ》（火宅《かたく》の喩《たとえ》）」――第三章「譬喩品《ひゆほん》」

二、「長者窮子《ちようじやぐうじ》の喩（窮子《ぐうじ》の喩）」――第四章「信解品《しんげほん》」

三、「三草二木《さんそうにもく》の喩（薬草《やくそう》の喩）」——第五章「薬草喩品《やくそうゆほん》」
四、「宝処化城《ほうじょけじょう》の喩（化城《けじょう》の喩）」——第七章「化城喩品《けじょうゆほん》」
五、「衣裏繋珠《えりのけいじゅ》の喩（衣珠《いしゅ》の喩）」——第八章「五百弟子受記品《じゅきほん》」
六、「髻中明珠《けいちゅうみょうしゅ》の喩（髻珠《けいじゅ》の喩）」——第十四章「安楽行品《あんらくぎょうほん》」
七、「良薬病子《りょうやくびょうし》の喩（医子《いし》の喩）」——第十六章「如来寿量品《にょらいじゅりょうほん》」

本書では、以上の比喩七話を主軸とし、さらに必要に応じて、法華経中に散見する多くの比喩に助言をしてもらって、法華経の教義を学び修めてゆくことにいたします。

法華経にかぎらず、仏教経典に見る比喩は、解説・説明であるとともに、そこに用いられている言葉や文字を越える内容までもが話され、記されているのです。言い換えると、語句（言葉や文字）で示しえない真理が、語句で表わされている矛盾を、矛盾でないように読みこなせるように象徴的に示されているのが仏教経典の比喩です。ゆえに、比喩の説くこころが、そのまま仏教の思想ということになります。

また比喩の特徴は、散文と違い〝考える間《ま》〟のあることです。釈尊の教育法は、教条的な言葉よりも比喩をよく噛《か》みしめ、思索させて、自分のこころを豊かにさせようとするのです。

花壇の中の小さな立札〝わたしがここにいます〟

私がいま住居している寺は、東京の真《ま》ん中《なか》にあります。小さな小さな寺ですが、寺を訪ねてくれる人のために、たといわずかでも、こころの安らぎを差しあげたいと、家内は玄関前の敷石沿《ぞ》いに茶花を植えました。

しかし、花の中に踏みこむ心なき人も、少なくありません。といって「この中に入るべからず」と立札をするのもさびしい。そこで、家内は、幅二センチ・高さ三十センチほどの小さな板切れに〝わたしがここにいます〟と書いて、花壇の中に、そっと立てました。

〝わたしがここにいます〟とのささやかな立札に感じた人もあります。そうかと思うと、花壇の中を不思議そうに見まわして「誰もいないじゃないの！」と独り言をいっている人を見たときは驚きました。この人には、人間の言葉は理解されても、人間のこころは通じないのでしょう。花を人にたとえた比喩のわからない人は、立札の言葉を軽蔑したことでしょう。

しかし、多くの人は「花の中に入るべからず」と命令されるよりも、こうした比喩の指示にすんなりと従えるでしょう。ここに、比喩の教育的意義と比喩の重さとが感じられましょう。

ゆえに大正・昭和期の歌人・作家で、仏教思想にも深い理解を持った岡本かの子さん（一九三九年没）は、はじめて法華経を学ぼうとする人たちに、「象徴詩《しょうちょうし》に向かうつもりで取り組みなさい」との助言を与えています。というのは、読み方によって、法華経の思想は浅くも深くも理解できるからです。お経の文字の意味だけで理解するのは、普通の散文を解釈する方法で、詩を味わう態度ではないから、感得の度合がどうしても浅くなるわけです。

象徴詩を読むようにといっても、別に文学や宗教に限りません。茶道・花道・剣道・柔道から一般スポーツの技術まで、その奥義《おうぎ》を身につけるには、すべて深い体験や経験を必要とします。したがってどの道でも、文字や言葉、いわゆる言句《ごんく》では説き尽くせない内容があるのは当然でしょう。

とくに、仏教でいう〝さとり〟は、人間のこころの奥底にある〝創造性〟にかかわる問題ですから、とても筆舌で表現できるものではありません。それでもなお、言葉や文字で発表をせまられる場合は、無理をあえてするのですから、特殊な表現方法が必要となります。その要求に応《こた》えるのが「比喩《ひゆ》」でありましょう。

法華経に失望し、その価値を否定した大秀才たち

ですから、この比喩の持つ意味を念頭において法華経を読まないと、数ページをめくっただけで失望し、ついには法華経という経典をも侮蔑《ぶべつ》するにいたるでしょう。誤った角度に立って法華経を読んだ〝法華経読みの法華経知らず〟の法華経批判は、昔から少なくありません。

江戸期の仏教批判学者の第一人者は富永仲基《とみながなかもと》（一七四六年没）です。惜しくも三十一歳で若死にしましたが、彼は、仏教の経典の多くは釈尊が直接語った説法ではなく、釈尊が亡《な》くなってから後の仏教徒の手によってつくられたものである事実を、世界中でいち早く確認した一人です。

すなわち仏教徒が信奉している大乗仏教の教えは、釈尊の直説《じきせつ》ではないとする「大乗非《だいじょうひ》仏説《ぶっせつ》」を、きわめて論理的に主唱したので、当時はもちろん、後世まで大きな反響を呼びました。その論文の代表作が、彼が二十九歳のときに出版された『出定後語《しゅつじょうこうご》』です。

たしかに、「大乗非仏説」の仲基《なかもと》の見解は正しく、現代の私たちもいろいろ教えられます。ただ、彼はこの書の中で法華経にも言及して、

「法華経一部、終始仏を讃するの言にして全《まつた》く経説の実なく、もとより経と名づくべきものなし」

と、厳しく批判します。仲基のいうように経というものの内容・性格が、儒教の書の『論語』のように、あるいは、キリスト教の『バイブル』のように、全文がすべて教えの条文で固まっていなければならないとするなら、法華経は彼の非難するとおり、経典の名に価《あたい》しないでしょう。

しかも、この富永仲基の見解は、後に平田篤胤《ひらたあつたね》（一八四三年没）らの国学者によって支持され、一般に広まるようになるわけですが、では、この批判のどこに陥穽《おとしあな》があるのでしょう。

実は、それに答えるのに格好のエピソードがあるため、次に紹介したいと思います。仲基とほぼ同時代の白隠《はくいん》（一七六八年没）は、臨済禅の中興の祖として讃えられる高僧です。彼は十六歳のとき、法華経を知人の日蓮宗の僧の咸慧房《かんえいぼう》から借りて読むのですが、白隠もまた、いたく失望して嘆きます。

「――之《これ》（法華経）を熟閲《じゅくえつ》（熟読）するに、ただ『唯有一乗諸法寂滅《ゆいういちじょうしょほうじゃくめつ》』などの文を除《のぞ》けば、余はみな因縁譬喩《いんねんひゆ》の説なりと。遂《つい》に巻を掩《おお》うて嘆じて曰《いわ》く。この経もし功徳《くどく》あらば、諸史（歴史や哲学の書）・百家（一般書）・謡書《ようしょ》（謡《うたい》の書物）・妓典（女子の読み物）の類《たぐい》もまた当《ま》さに功徳あるべしと。大いに懐素《かいそ》（かねてからの願い）を失して憤々《ふんぷん》として（怒って）楽しまず」（『白隠禅師年譜』）

それもそのはずです。白隠は、その前年に十五歳で出家して、自ら「もし肉身にして火も焼くこと能《あた》わず、水も漂《ただよ》わす能わざる底《てい》の力を得ずんば、たとい死すとも休《や》まず（この身に火も水も犯しえないような不滅の力が得られないのなら、死んでも悔いない）」と誓い、つねに読経礼拝を続けていたのですから、大いに落胆するのみならず「禅」そのものにも懐疑の念を持つようになります。むろん、白隠は法華経を再読しようなどの意欲を持つわけがありません。

こおろぎの鳴き声で、法華経に目覚めた白隠《はくいん》

富永仲基の場合も同様で、彼は『法華経』を批判して以後、この経を二度と手にはしなか

ったと思います。ところが白隠にあっては、法華経の方が、白隠に呼びかけたとも言えるような機会が訪れるのです。

それは白隠が四十二歳の盆の法要のときです。修行僧にそれぞれ読経すべき経名が指定されるのですが、白隠にふりあてられたのが、はからずも『法華経』でありました。彼は気は進みませんが、やむなく、かつて読んだこの経の序品《じょほん》（序章）から、品《ほん》（章）を追うて順に読んでいきます。一夜、法華経第三章の「譬喩品《ひゆほん》」にまで読みすすんだときです。彼の耳に、石畳の上でこおろぎがるると鳴きつづける声が聞こえてきました。その声を聞いて白隠は、はじめて法華経の深意をさとったといいます。というと、きわめて神秘的に聞こえますが、そうではありません。

私たちは、人生に限らず、いろいろの面で問題を抱《かか》えて、その解決に悩むときがあります。その問いをいつも念頭において、この問いなり疑問なりに徹しきると、何かのはずみに疑問が一挙に解決することがあります。科学や技術面での発見や発明でも、予期しなかったふとした契機が答えを与えてくれることがあるものです。

白隠の場合も、こおろぎの声が解答だというのではなく、それが縁になって、心の中の法華経への疑念がふっきれたのです。法華経「譬喩品《ひゆほん》」の比喩が象徴する真実が解けたのです。比喩にしてはじめて語り尽くせる法華経の真実が、白隠の求道《ぐどう》のこころに承《う》け継がれたのです。

おもいますのに、私たちはいろいろのものを読みますが、やはり対象に応じた読み方、いわゆる読む眼の持ち方が大切です。私の学生時代の地理のH先生は、口やかましくて私たち学生から嫌われていましたが、その意地悪そうな風貌と毒舌は五十年後の今も忘れられません。私たちが「地図を見る」と言うと、「地図は見るものではない、読むものだ。地図を読むと言え！」と叱られました。おかげで地図を読む眼の〝読地図眼《どくちずがん》〟をH先生から開かされました。

私たちが、うっかり「ヒマラヤ山脈はインドの上にあります」と言おうものなら、H先生は教室の天井を見上げて、「そうか、ヒマラヤ山脈はインドの空にぶら下がっているのか。地図を見るからそんなバカな答え方をするのだ。地図を読んだら、『北方に位置します』と正しく答えられるはずだ」と。

法華経の比喩も、とりとめのない作り話として読まされるか、あるいは、経典の語るさまざまな比喩の話の底に潜む真実が読みとれるかは、やはり経典をよく読みこなす〝読経眼《どきょうがん》〟(看経《かんきん》の眼とも)を養うか否《いな》かにかかります。それは別にむずかしいことではありません。

ものごとを平面的で実証主義的な見方に偏することなく、じっくりと見つめんとする、豊かですなおな心（法華経で柔軟心《にゅうなんしん》という）――これを取りもどそうとつとめながら読むと、読経眼は自然に開けてくるものです。

すべての現象が、真実をうたいあげている

白隠《はくいん》は、自分の学問的知識のみで法華経を読み、これを批判した自らの驕《おご》りを思い知らされて、おもわず声を放って号泣します。こおろぎの声に限らず、すべての現象が、みな真理・真実をうたいあげている相《すがた》であったのに、波長が異《こと》なるから〝聞けども聞こえず〟だし、視角が違うから〝見れども見えず〟だったと気づくのです。

白隠ほどの高僧でも、法華経が本当に読めるには、十六歳から四十二歳までの、実に二十七年間の年輪が必要でした。また、文字を読みながら、文字の底にある真理を読破できるだけの素地が二十七年の間に養われていたのも、白隠にとってしあわせでありました。

白隠は、いまこおろぎの声を聞いて、彼の心中にしずかな爆発が起こり、目前のあらゆる事実の底に、深い仏教思想が潜《ひそ》んでいる真実を具体的に読みとれたのです。すると、白隠が若いときにからかい半分に採《と》りあげた「諸史・百家」、すなわち現に世間に流布《るふ》している一

般の書籍・雑誌の内容も、自分の読み方のこころの角度を転じるなら、すべて真実を理解させてくれるすばらしい比喩である――と、白隠は文字を読みながら、文字を超《こ》えた高次の〝文字でない文字〟を読みとる読経眼《どきょうがん》が開けたのです。

はるか後のことでありますが、白隠は晩年になって『坐禅和讃《ざぜんわさん》』を著《あらわ》します。和讃というのは、漢文でなく和文でつづられた仏教教義を説く詩です。『坐禅和讃』は、わずか四十四句の短い和讃で、内容は坐禅ではなく、むしろ、禅のこころをうたいあげる格調の高い作品です。しかし、随処に法華経の思想が見えるので、私の知人の日蓮宗の僧侶の市川智康《いちかわちこう》師が「『坐禅和讃』を読むと、法華経の概論を読んでいるようだ」と言われたほどです。

たしかに、白隠は『坐禅和讃』の中に、後に学ぶ法華経の「長者窮子《ちょうじゃぐうじ》」の比喩などを引いたり、法華経思想の大眼目である「人間はみな仏性を持っている」との思想を、「衆生《しゅじょう》本来仏《ほとけ》なり」と端的に表現します。また白隠自らも比喩を用いて、大乗仏教の思想から説き起こし、禅の真髄に及んでいます。これをもってしても、白隠が中年以後に法華経に傾倒したことが、よくわかります。また『坐禅和讃』を読むと、比喩を借りなくては、大乗の仏教思想も法華経も、具体的には理解できない事実を、あらためて知らされるのです。

まっ暗な日本海に向かって唱題する、日蓮の姿

ところで、白隠に、「衣《ころも》やうすき　食《じき》やとぼしき　きりぎりす　ききすてかねて　もる涙かな」の一首がありますが、おそらく、そのときまで法華経の深い意味に気づかなかった白隠の詠歎と思われます。

当時のきりぎりすは、いまのこおろぎのことです。やせ衰えたこおろぎの、短い一生を精いっぱい声をはりあげての説法を、白隠は涙しながら聞いて、法華経の真意をさとりえた——そのよろこびをうたいあげるのです。

私は、法華経と白隠との出会いに、日蓮が佐渡へ流刑《るけい》された逆境にありながら、なお法華経に会いえたよろこびを、愛弟子の最蓮房《さいれんぼう》に伝えた書信の一節を思い出します。

「現在の大難を思いつづくるにもなみだ、未来の成仏《じようぶつ》を思うて喜ぶにも涙せきあえず。鳥と虫とは鳴けども、なみだ落ちず。日蓮は泣かねども、涙ひまなし。この涙、世間の事にあらず、ただひとえに法華経のゆえなり。しからば、甘露《かんろ》の涙というべし」

日蓮は、この涙は世間の感傷の涙ではない。「ただ偏《ひと》えに法華経の故也《ゆえなり》」とはっきり言い

ます。ときに日蓮は五十二歳でした。日蓮の流す涙も白隠のこぼす涙も、ともに法華経のこころを知りえたよろこびにあふれ出る涙なのです。

日蓮も、法華経の文字をたんなる文字として読んだのではありません。彼は、文字をも比喩であるとして、「今の法華経の文字は、皆生身《しょうしん》の仏なり。我等は肉眼なれば文字と見るなり」と言います。文字は生身《なまみ》の如来《にょらい》だが、われらは人間だから、人間の眼で見るから、文字が文字としか見えないのだ、というのです。

このように、法華経は深い真理を多くの比喩によって表現している、という手法がわかると、比喩の読み方を学べば、法華経の思想もしだいに理解できる道理です。

日蓮と白隠は法華経の文字を、文字では表現できない仏《ほとけ》のいのちを表わした文字、すなわち「生身の仏」のこころと読みとれたのです。そのよろこびから、あふれ出る涙を日蓮は拭《ふ》きもせず、まっ暗な日本海に向かい、怒濤《どとう》よりも大きな声で、「南無妙法蓮華経」と唱題《しょうだい》するのです。

詩がわかれば、仏教思想も理解できる

私事で恐縮ですが、私は若いとき仏教にまったく無関心でした。寺に生まれ寺に育ちましたから、仕方なしに読経したものです。そして、学問的に漢訳の経典の意味は理解しても、それ以上、一歩も経典の中に踏みこんだことはありません。仏教とはまったく無関係な早稲田大学の文学部史学科で学び、暇があれば文学書を愛読していました。

私の最初の夢は、新聞記者か作家になることでした。当時は、新聞記者と作家に文科の学生は憧《あこが》れたものです。ところが、考古学講座の西村真次《にしむらしんじ》教授が朝日新聞の記者から学者になられたのを知った私は、今度は学者志望に転じました。マルキシズムに熱を入れたのもその頃で、それまでの国文学から左翼の作品に興味を感じはじめました。

そんな私が坊さんになったのは、私の父であり師である祖来《そらい》和尚が、元日の朝急死したからです。禅僧としての修行は学校を卒《お》えてすぐに、わずかながらしてはいましたが、禅学の経験はまったくありませんでした。すべて父の死後の独学です。仏教系の学校で少しも学んだことのない私の独学に役立ったのは、何といっても学生時代に西村真次教授から受けた演習《ゼミナール》指導のおかげです。

西村教授は、日本の古代の神話や伝説に秘められた思想や心情を読みとる思索方法を、懇《こん》切丁寧《せっていねい》に私たちに教えてくださいました。新聞記者出身の教授の指導方法は、学者の間で承認されなくても、私たちにはよい勉強になりました。私がいつも「詩《ポエム》がわかるようになると、仏教思想がわかり、人生の意味も理解できるようになるから、俳句・短歌・一般詩《ポエム》のどれでもいいからお親しみなさい」とすすめるゆえんも、ここにあります。

以上で、仏教思想の解明に、いかに比喩が必要かということも明らかになったと思います。

「妙法蓮華経」の経題は、何を意味しているのか

私たちが、現在用いている『法華経』との呼び方は、「妙法蓮華経」（梵語サッダルマ・プンダリーカ・スートラ）の略称です。この梵語《サンスクリット》の原題は、「正しい法の白蓮華《びゃくれんげ》の教え」と訳されます。

「妙法」とは、すぐれた仏《ほとけ》の法（おしえ）という意味です。また「妙」という語には、人間の行なう思考や認識（いわゆる思議《しぎ》）を超越した現象といった意味が含まれています。ちなみに、「妙」と「不思議」とは、ほぼ同意語です。

「蓮華」は妙法のすがたを表わす花です。蓮《はす》の花といっても日本のそれとは異なり、むしろ、睡蓮に近い花です。この花は泥土《でいど》から生じて濁りに染まらず、香り高い清浄な花を咲かせます。また「華果同時《けかどうじ》」といって、蓮は、花が散ってから結実するのではなく、花が咲く

と同時に中に実を持つのです。つまり、さとりを求めるこころを発《おこ》したそのときが、すなわち度《すく》われるときであるとする仏教の思想を、象徴する花として尊ばれます。

以上で「妙法蓮華経」の経名（経題）の意味が明らかになりました。経題は「お経の題の名」であるとともに、その経文の内容を表わす「柱」でもあります。法華経の場合は「妙法蓮華経」という題目に、法華経全巻の内容が表わされているのです。

そのため、古来、最澄《さいちょう》や日蓮《にちれん》をはじめ、多くの高僧たちが「南無妙法蓮華経」（「南無」は、「帰依し奉る」との意）と、これを唱えることをすすめています。これを「唱題」といいます。

「法華経」は、釈尊自身の著書ではない

さて、ここで法華経の成立事情について、簡単に触れておくことにします。いま私たちが一般に「お経」と呼んでいる仏教経典の多くは、西暦紀元前後から八世紀ごろにかけて、インドの各地で、大乗教の信者のグループの手で編集されたものです。つまり、富永仲基が洞察したとおり、釈尊の入滅《にゅうめつ》後にできたお経が大部分である、というのが事実です。

一般には、お経というと、すべて釈尊自身が説いた教えのテキストだと、まだまだ考えら

れているようですが、釈尊には一冊の著書もありません。お経は、当初、釈尊の教えを聞いた弟子たちの口伝《くでん》によって伝承され、後世になって成文化されたものです。しかしいろいろの理由で、初期の原典に近いとされる経典は『法句経《ほっくきょう》』とか『雑阿含経《ぞうあごんきょう》』など、ごくわずかな作品が残っているにすぎません。

釈尊の滅後、上座部《じょうざぶ》の僧侶たちの生き方、つまり、世間と隔絶して僧院にこもり、求道《ぐどう》と勉学にのみ没頭する学究的態度にあきたりないとするグループが生まれました。彼ら（大衆部《だいしゅぶ》）は、在家の一般信者が中心になり、釈尊の説いた教義や規律に拘束されない自由な立場から、仏法を学び、自分だけでなく、他人にもその精神を伝えようとしたのです。

そのため彼らは、独立した新宗教運動を展開し、数多くの新経典を製作・編集するようになります。その作品が、すなわち「大乗経典」で、法華経もその作品の一つです。

このようにして出来たのが大乗経典ですから、厳密な意味では、釈尊の口から出たそのままの言葉ではありません。しかし、その思想はきわめて円熟した崇高《すうこう》な言葉で語られています。もしも釈尊が紀元後数世紀まで生存されたなら、きっと大乗経典そのままの内容で説法されたにちがいないと思われるので、現在では大乗経典の価値を疑う者はありません。

法華経はこのようにして、西暦五〇年頃に成立したと考えられ、これは、大乗経典の中では比較的初期の頃にはいります。しかし、仏教学が今日ほど発達しなかった六世紀の中国の仏教者たちは、「仏教経典は、すべて釈尊がさとりを開いて仏陀となった三十五歳から、入滅までの四十五年間の説法の記録である」と見たのは当然です。この見地から、中国の天台《てんだい》教学を確立した天台大師智顗《ちぎ》（五九七年没）は、各経典を釈尊の説法の年代別にランクづけしました。

中村元《はじめ》博士によると、「智顗は、各経文に記されている説法の年時に関するわずかな断片的記事を組み合わせてランクづけた」というのですから、その精力的な学究心と信仰心には頭が下がります。そしてその結果、法華経は、釈尊が晩年の八年間にわたって説いた経典であり、その教えを集大成した最高にして無比なものと、位置づけされたのです。

この智顗の天台教学が日本におよぼした影響はたいへんなもので、その後の日本の法華経観は、智顗の見解に基づいているといっても言いすぎではありません。

たしかに、智顗の行なったランクづけは、近代の研究成果からみると、間違いであったかもしれません。しかし、日本人が法華経をどう読みつづけてきたかという観点もひじょうに重要であり、現代にあっても、智顗の見解を尊重しつつ、法華経の思想を読みとることが大切だと、私は思うのです。

2章

〈法華経・譬喩品《ひゆほん》〉

我欲からの脱出——「火宅《かたく》の喩《たとえ》」

——煩悩に燃えさかる人間のこころを救うものは何か

燃えさかる家の中で、遊びまわる子どもたち

ある町に、子福者《こぶくしや》で高齢の億万長者がいた。彼は広大な邸《やしき》に住んでいたが、その邸は、すでに古くなって廃屋のように荒れ放題になっている。鳥も巣をつくっているし、蛇なども棲息《せいそく》している。大きな住宅なのに、どうしたわけか出入口はたった一カ所しかない。

ある日、突然、この邸に火事が起こり、またたく間にあたり一面火の海となる。長者はいち早く戸外に飛び出したが、彼が愛する多くの子どもたちは、火事とも知らずに家の中で遊びふけっている。子どもたちは、自分たちの身に迫る危険に気がつかないから避難する気もない。

父の長者は気が気ではない。「危ないから、さあ早く家を出なさい」と外から声を嗄《か》らして叫ぶが、子どもらは父の注意をいっこうに気に留めようとはしない。彼らは「火事とは何か、家が焼けると言うが、家とは何か、焼け死ぬとはどういうことなのか」を、まるで知らない。ただ家の中を走りまわりながら、不思議そうに戸外の父を見つめるだけだ。それほど、子どもらは火事について、まったくの無知であった。

長者の父は、何とかして子どもを助けたいと思い、子どもらがふだんから欲しがって

いるあれこれの品を思い浮かべて、彼らに呼びかける。

「ほら、お前たちがいつもねだっている羊の曳《ひ》く車や、鹿の曳く車や、牛の曳く車が門の外に置いてあるから、早く外に出ておいで！」と。長者は老いてはいるが、力ずくで子どもたちを外へ引っ張り出せないこともない。しかし、本人たちが自発的に飛び出すようにさせたいと思っているから、あえてそうしない。羊車《ようしや》も鹿車《ろくしや》も牛車《ぎゆうしや》も、子どもらが夢に見るまで欲しがっている車である。

子どもらは、父のこの声を聞くと、手にしていた玩具《おもちや》を放り出し、先を争ってただ一つの出口から外に出た。しかしそこには、父の言う羊車や鹿車や牛車は影も形もない。父は子どもたちの無事な姿を見て安堵《あんど》の胸を撫で下ろすが、子どもたちは不服である。「お父さんはウソをついた」と激しく父を責めたてる。そこで父は、約束の羊・鹿・牛の曳く車よりも、もっと大きく立派でスピードも速い、白い牛（白牛《びやくご》）の曳く車を、大勢の子どもに残らず与えたので、子どもたちは満足した（岩波文庫『法華経』上・161～167ページ抄意）。

説法の相手に、なぜ〝知恵第一〟の弟子が選ばれたのか

以上が、「三車火宅《さんしゃかたく》」(「火宅」とも)の比喩です。この比喩に盛られた多くの示唆《しさ》についてこれから学ぶのですが、釈尊はこの「火宅の喩《たとえ》」を、舎利弗《シャーリプトラ》(舎利子《しゃりし》)に説いているのです。しかし、法華経が釈尊滅後につくられた経典である以上、それは史実でないことはもちろんですが、この設定は史実以上に大切な意味を持っています。

釈尊が生存中にされた説法の方式は、現在のような講演のスタイルでなかったようで、釈尊が、大勢の人々の中から、とくに対話の相手として一人を呼び出し、その一人に向けて語りかけるのを、周囲の人たちも一緒に聴《き》いて学ぶという形であったようです。ちょうど、今のパネルディスカッションに似ています。この選ばれた相手を「対告衆《たいごうしゅ》」といいます。釈尊滅後に創作された大乗経典の編纂《へんさん》者グループも、やはりこの方式を踏襲して、まず釈尊の対告衆を選んでいるわけですが、誰を対告衆にするかも大切なテーマです。

いま「火宅の喩《たとえ》」の対告衆として、なぜ舎利弗《シャーリプトラ》が指名されたのでしょうか。舎利弗は、釈尊の教団に入門するまでは、著名な懐疑《かいぎ》派の大哲学者として知られていました。生来の聡明さと巧《たく》みな雄弁で、多くの弟子を持っていました。彼は後に同窓の目連《もくれん》らとともに釈尊の弟子になりますが、教団の中で舎利子は「知恵第一」、目連は「神通《じんつう》第一」と讃《たた》えられ、と

もに釈尊教団の〝十大弟子〟の一人です。

舎利子は根が懐疑派哲学の出だけあって、とかく、ものの考え方が論理的で実証的です。しかし論理的・実証的発想だけでは、仏教思想の空《くう》の真理はわからないから、『般若心経』でも観音《かんのん》さまの対告衆として彼が登場しています。彼は『阿弥陀《あみだ》経』の場合でも、対告衆として出てきますが、この「火宅の喩」の対告衆として舎利子を指名した法華経編纂者は、合理的知性を超えなければ、大乗の説く普遍の真理は得られないという事実を暗示しようとしたのでしょう。

また法華経の設定では、この経の第二章に置かれている「方便品《ほうべんぼん》」で、舎利子は釈尊の教えを聞いてさとりを開くことになっています。そして次に、舎利子に及ばない弟子たちのために第三章の「譬喩品《ひゆほん》」が設けられ、この「火宅の喩《たとえ》」で、舎利子をもう一度登場させ、彼との応答を聞かせつつ、それらの弟子を導こうとするのです。しかし、現代の私たちにとっては、「方便品」を学ぶ前に、まず「火宅の喩」で説かれる「譬喩品」から入ったほうがわかりやすいように思われます。そこで、この「火宅の喩」について、最初に学ぶことにいたします。

煩悩の炎に燃えさかる人間のこころ

まず燃えあがる家の「火宅」は、私たち迷っている人間がいま住んでいるこの世界——仏教用語でいう娑婆《しゃば》であり、また私たちの一生でもあります。あるとき釈尊は、遍歴修行の旅（遊行《ゆぎょう》という）でマガダ国の都・王舎城《おうしゃじょう》に向かう途中、象頭山《ぞうずせん》にのぼり、弟子たちにこう説法されます。

すべては燃えさかっている。そのことをなんじらはまず知らねばならない。人々の眼は燃えているではないか。人々の耳は燃えているではないか。人々の鼻も燃えているではないか。心もまた燃えているではないか。すべて、その対象にむかって燃えさかっているのだ。

それらは何によって燃えているか。貪欲《むさぼり》の炎に燃え、瞋恚《いかり》の炎に燃え、愚痴《おろかさ》の炎に燃えているのだ——（『雑阿含経《ぞうあごんぎょう》』八の一三「燃焼」）。

象頭山頂のこの説法を、ヨーロッパの仏教学者は、イエスの「山上の垂訓《すいくん》」に比して、釈尊の「山上の説法」と呼ぶそうです（増谷文雄『仏教百話』筑摩書房刊）。

火事が突如として起こるように、煩悩の火はにわかに燃えあがります。眼や鼻などの五官は、欲望の貪《むさぼ》りや、怒りや、迷い（三毒という）の火に、突然燃え出し、私たちの心身を亡ぼしてしまいます。

仏教思想では、私たちが生きたり、死んだり、迷ったり、さとったりする現実の世界を「三界《さんがい》」といいます。三界は「欲界《よくかい》・色界《しきかい》・無色界《むしきかい》」のことで、仏教の人生観でもあります。

「欲界」は、食欲・性欲・睡眠欲など、あらゆる欲望剝《む》き出しの世界です。欲望はしだいにエスカレートして、満足の限界がなく、ついに人間を亡《ほろ》ぼすから「欲海《よくかい》」とも表現します。愛欲は人を焼き亡ぼし、溺れさせるから火や水よりも恐ろしい。愛欲のとりことなると、自分の心身も焼かれることに気づかないのが、「火宅の喩」に見る子どもたちです。廃屋は、醜さと、いつ倒壊するかわからない人間の人生です。あばら家にコウモリや蛇が巣をつくるように、私たちの心身にも動物性が秘められていて、いつ飛び出すかわからない危険な世界です。

三界の二が「色界《しきかい》」。色は色欲のことでなく、「目に見えるもの」すべてを「色《しき》」といいます。色界は、色を色と見るに止《とど》まり、欲界のように欲望を起こしません。

三界の三が「無色界《むしきかい》」で、これは色を超《こ》えた高度の精神世界のことです。

「三界無安《さんがいはやすきことなく》　猶如火宅《なおかたくのごとし》」

三界は、仏教思想による精神的な人生観ですが、転じて私たち人間の心が、移り変わって止《や》まない状態を示します。つまり、私たちの心の世界を見ると、絶えず欲《よく》・色《しき》・無色《むしき》の世界をぐるぐるとめぐり続けて果てしがありません。ところが、私たちの多くはこの事実を怪しみもせず、無関心であるところに問題があります。

この心情を、宗教新聞『中外日報』の創業者の故真渓涙骨《まだにるいこつ》氏は、

朝《あさ》は神　昼《ひる》は人間《にんげん》　夕《ゆう》されば獣《けもの》に近き心かなしも

と詠歎します。

「夕されば」は、夕方が近づくという意味です。「朝起きたときは、神にも似て清々《すがすが》しいが、昼は人間の心に、夕方近くなると獣になり下がる。かと思うと、翌朝はまた何ごともなかったかのように神のような心にたち返っている」という、人間の心が、欲・色・無色の三界を循環（輪廻《りんね》）しつづける、不安と悲しみがよく歌いあげられています。

私たちの心が、どこにも安定の場が得られず、落ち着けない不安定な状態にあるのを、意

にも介《かい》さない自分への無関心さ——これを、そのままに放置しておいてよいのでしょうか。その間にも刻々と私たちの命は燃え尽くされつつあります。この事実を「三界は安きこと無く、猶《なお》火宅《かたく》の如《ごと》し（三界無安《さんがいむあん》・猶如火宅《ゆうにょかたく》）」と、法華経は短い詩の語で告げます。しかも、三界無安を苦と意識しない不感症の症状にこそ、苦の原因が潜《ひそ》んでいるのです。すなわち、苦の事実を知らず、したがって苦の原因を知らず、また知ろうとしないから、苦はいよいよ倍増するのです。

「三界無安　猶如火宅」——この「譬喩品《ひゆほん》」の詩語を、私がはじめて知ったのは、大正一二年の関東大震災の時で、旧制中学校の四年生の時でありました。九月一日の正午近くに起きた大地震のもたらした災害は、六十年後の今日になっても、なおはっきりと記憶に残っています。翌々九月三日に、私は父に連れられて知人のKさんの安否をたずねて、東京都の隅田《すみだ》川の東岸に沿う江東《こうとう》地区へ参りました。さる太平洋戦争の空襲の被災のときもそうでしたが、見渡すかぎりの焼野原で、無数の死体が、どこにでも転がっている悲惨な状態でした。

とくに本所《ほんじょ》の被服廠跡《ひふくしょうあと》の広大な空地では、焼死者数万といわれましたが、燃え残りの火がまだ収まらぬなかで、日蓮宗の信者さんたちが、大勢で太鼓をたたいて法華経（後に知ったのですが）を読んでおられました。塔婆《とうば》代わりに焼け残りの板が二、三枚建てられていましたが、そのどの頂きにも「三界無安　猶如火宅」と書かれてありました。私は、父からその意味を教えてもらって、はじめて「火宅の喩《たとえ》」を知っただけでなく、法華経という経典の名も、教わりました。案じていた私たちの知人の生死は、ついに分かりません。父は、被服廠跡の死骸の山の中にKさんの遺骸があるかもしれない、と合掌しておりました。かなり大きくて立派だったKさんの住居など、もちろん焼け尽くされて何も残っていませんでした。

人間は、悉《ことごと》く釈尊の子である

さて、この経で釈尊は「火宅の喩」を引いて、舎利子に詩で次のように語ります。とくに、この一節は鳩摩羅什《くまらじゅう》（四世紀ごろの法華経漢訳者）の名訳として知られているので、あなたも一緒に声を上げて読まれることをお奨《すす》めします。

三界《さんがい》は安きこと無し　猶《なお》火宅の如《ごと》し
衆苦充満《しゅうくじゅうまん》して　甚《はなは》だ怖畏《おそる》べし
常に生老《しょうろう》　病《びょう》死《し》の憂患《うげん》あり

是《かく》の如《ごと》き等《ら》の火（このような火は）　熾燃《しねん》として（盛んに燃え）息《や》まず
如来は已《すで》に　三界の火宅を離れて
寂然《しずか》に閑居《かんこ》し　林野《りんや》に安処《やすい》せり
いまこの三界は　みなこれわが有《う》なり（私の所有するところ）
その中の衆生《しゆじよう》は　悉《ことごと》くこれわが子なり
しかも今この処《ところ》は　諸《もろもろ》の患難《うれい》多く
唯《ただ》われ一人《いちにん》のみ　よく救護《くご》をなすなり

私の父が、本所の被服廠跡で読経《どきよう》していた経文も、この偈《げ》であると私に分かったのは、はるか後のことです。

しかし、そのとき以来、「三界無安　猶如火宅」が、少年の私の頭にこびりついて容易に離れません。翌年の進学試験の受験準備に学習する『方丈記《ほうじようき》』や『徒然草《つれづれぐさ》』に記載されている昔の地震や天災の記述にも、この詩語が出てくるので、少年ながらも、私は無常感に身の引きしまる思いがしました。しかし、私も少年から青年、そして壮年、老年と年をとるにつれて、先の「火宅の喩」の偈《げ》の後半の、

いまこの三界は　みなこれわが有《う》なり
その中の衆生は　悉《ことごと》くこれわが子なり
しかも今この処は　諸《もろもろ》の患難《うれい》多く
唯《ただ》われ一人のみ　よく救護《くご》をなすなり

に心を惹《ひ》かれます。この偈の意味は、「三界のすべては、わたしの所有するところのものである。したがって、この三界に住む生命《いのち》あるものは、ことごとくわたしの子である。しかも、この処は、さまざまな心配や災難が多く（暮らしにくい）、ただわたしひとりだけが、かれらを救い護《まも》ることができるのだ（みんなを度《すく》うことのできるのは、わたししかない）」ということです。

「三界はわが有なり」とは、真理をさとった者にあっては、苦の世界も楽の世界もない、迷いの場もさとりの場もない、好き嫌いや選《え》り好みすることなく、平等に処理することができるという意味です。

最近は高層建築が増えました。それに相応した防火設備が施《ほどこ》されているものと思いましたら、実は欠陥だらけで、つい最近のホテル火災でも、犠牲者が多かったのは本当に悲しいことです。近代建造物が〝火宅〟では困りますが、私たちの精神構造もまた火が点《つ》きやすい状態ではないかと、自分自身を検査するのも、また「火宅の喩」を正しく読むことになりましょう。

大乗仏教と小乗仏教は、どこが違うか

さらに、億万長者の住む邸が廃屋同様であるとのこの比喩には、さまざまの示唆《しさ》を感じます。管理を怠《おこた》ると、いかに立派な家でも、すぐれた知識人の頭脳でも、ガタガタになるものです。

仏教の経典の中で『法句経《ほっくきょう》』という、全巻が四二三の詩句からなる聖典があります。大乗の経典と異《こと》なり、釈尊の時代に成立した経典で、釈尊の説法の原型がほぼ残っているといわれる貴重な文献です（拙著『法句経入門』祥伝社新書）。この法句経の二四一番で、釈尊は、

家屋《いえ》のけがれは

修理を怠《おこた》ることなり
容色《すがた》のけがれは
懈怠《なおざり》より来たる
修行者のけがれは
放逸《ほういつ》にあり

と教えます。放逸は、たんなるなまける意ではありません。働くでもない遊ぶでもない、いわばポサッとして時間を空《むな》しく過ごしているのが放逸です。働いたり学ぶ者にとっては、目ざわりで迷惑な存在です。

「火宅の喩」に登場する子どもに象徴される迷える人々は、目先の官能的な欲望の満足だけを追求して、自分の人生が燃え亡《ほろ》びていくのを知らずに、焼かれてゆく家から解脱《げだつ》しようともしないのです。羊・鹿・牛の三車は、いわゆる小乗仏教の声聞乗《しょうもんじょう》（釈尊の教えを直接聞いた弟子）・縁覚乗《えんがくじょう》（因縁の道理をさとった弟子）・菩薩乗《ぼさつじょう》（釈尊の成道《じょうどう》以前、前生の修行）の三乗を指します。「乗」は、もともと乗りものの意味で、迷いの岸から、さとりの岸へと運び渡す教義を、乗りものにたとえたのです。小乗とは小さな乗りもので、いわばオートバイのような単車で、自分一人だけが目的地に達することでよしとする利己主義の教えになぞらえています。

　大乗とは大きな乗りもので、たとえば、バスのように大勢の者が乗れて目的地に到る利他の精神を持つ教義を意味します。小乗の教えを信ずる者は、他者を考えず、自分だけの人格完成を図るから〝小さくて劣った乗りものだ〟と、大乗の側から軽蔑して呼んだのが「小乗」という呼び方のはじまりです。しかし、他をけなすこの呼称は仏教的でないとして、今では、世界仏教徒会議の決議に従い「上座部《じょうざぶ》仏教《ぶっきょう》」と呼びます。

自分だけでなく、他人をも救わんとする「大乗」の教え

「火宅の喩」で声聞・縁覚・菩薩の三乗を、羊や鹿や牛の曳《ひ》く三車にひきくらべてあるのはすぐにわかります。羊車・鹿車・牛車は古代インドの乗りもののようで、現代なら、若い人たちや子どもたちが欲しがるホンダやヤマハの最新型のオートバイと思えばいいでしょう。人それぞれの好みのクルマがあります。それをあげるから早く出てこい――と誘えば、今の若者たちでも、すぐに飛び出してくることでしょう。

　はたして、子どもたちは出てきましたが父の言う車が見当たらないので、父をなじるのは

当然です。すると、父は、羊車や鹿車や牛車の代わりに、デラックスな七宝《しっぽう》でかざった大型の白牛が曳く車、今でいうなら超デラックスな大型バスをめいめいに与えます。子どもたちはどんなに喜んだことか。

父は申します。

わが財物には極《きわ》まりなきをもって、応《まさ》に下劣の小車をもって、諸子等《しょしら》に与うべからず。今、この幼童は、みな、これわが子なれば、愛するに偏党《へんとう》なし。われに、かくの如《ごと》き七宝の大車ありて、その数無量なり。まさに、等《ひと》しき心にて、各々《おのおの》に、これを与うべく、宜《よろ》しく差別すべからず（岩波文庫『法華経』上・168ページ）。

「幼童は、みな、これわが子なれば」とありますから、迷える凡夫《ぼんぷ》はすべて釈尊の子である。わが子だから偏党《へんとう》（えこひいき）するわけがない。みなに公平に七宝の大車を与えよう。しかもこの大車の数は無数にあると——。七宝の七は無限の数の表象で、宝は法で、大乗の教えです。衆生（迷える人々）が欲しがる羊・鹿・牛の三車は小さい単車だ。自分だけ目的地へ行きつけばよいという、利己的で下劣な小さな教えで衆生を満足させてはならぬ。

誰でもが乗れて目的地に達する（度《すく》われる）美しい大きな教え（大乗）を、仏（釈尊）は与えようと。

釈尊は、この比喩を舎利子《しゃりし》に語りつづけながら、「かの長者が、はじめに三車を示しておきながら約束を守らず、めいめいにすぐれた大車を与えたことは、うそを言ったことにならないだろうか」と問います。この問いに舎利子はこう答えます。

「師よ、うそを言ったことにはならない。長者は、子どもたちが焼死しようとするところを救《たす》けたのだから――。長者は、子どもらを大きな苦しみから解放しようとして、巧妙な方法を用いたのだから、うそを言ったことにはなりません」と。この舎利子の答えの中に「方便」の本質が語られています。釈尊は舎利子の答えを認め、比喩話のベールを脱いで結論を与えます。

　三界の朽《く》ち故《ふ》りたる火宅に生ずるは、衆生の生《しょう》・老《ろう》・病《びょう》・死《し》・憂《ゆう》・悲《ひ》・苦《く》・悩《のう》・愚《ぐ》癡《ち》・暗蔽《あんぺい》・三毒の火を度し、教化《きょうけ》して、阿耨多羅三藐三菩提《あのくたらさんみゃくさんぼだい》（完全なさとり）を得せしめんがためなり。

エゴイズムの信仰心は、まわりに迷惑である

私も七十歳をとっくに過ぎた「朽《く》ち故《ふ》りた体」で、三界を今日も歩みつづけています。私の体の中には、さまざまな苦悩がうずまき、私の体の外にも、数えきれないほどの危険が取り囲んでいて、いつ私の体が亡《ほろ》びるかわかりません。私たちは、自分の住宅には火災保険を掛けて万一の場合に備《そな》えることができます。しかし、自分の内側からいつ燃え上がるかもわからない心の炎に備えて、自分の心に保険を掛ける人は、私もそうですが、きわめて稀《ま》れです。なお悪いことに、多くの人々は、自分だけはけっして災難などには遭《あ》うことはないとうぬぼれて、何の用意もしていません。

しかし、どこかに不安を感じてか、家内安全や商売繁盛を祈ります。あるいは〝苦しい時の神頼み〟で、心配ごとや困ったことが起こったときだけ神仏にすがったり、生活の豊かさを求めて神仏に祈ったりします。それらを、現代人の求める、いわゆる「羊・鹿・牛の三車」になぞらえることができましょう。

先日の新聞に、川村健《かわむらけん》さん（五十七歳）という会社員の方が、次のようなおもしろい寄稿をしておられました。

日曜日の朝は、私ども熟年後期の夫婦が連《つ》れだって、近くの八幡様《はちまんさま》へ、何となく手を合わせにゆくならわしになっています。拝殿の前に、めずらしく若夫婦らしきお二人、二人そろって拝《おが》んだあと。(女)「あんた、何を祈ったの」、(男)「新車欲しいってさ」、(女)「私は宝くじの特賞が当たりますように」、(男)「お願いが違っちゃ、神様戸惑《とまど》わないか」、(女)「そうねえ、それに宝くじ当たれば、車買えるじゃない?」、(男)「じゃ、一緒にやり直そう」。二人そろって、もう一度パチパチ。

ふざけているのではなく、素朴な祈りと解すべきでしょうし、現代人の信仰観を垣間見《かいまみ》ることができるようです。私は、現世利益《りやく》を頭から批難するものではありません。ただ、自分の、自分たちだけの幸福を求めるのを、短絡的に「信仰心」とする発想に注意を求めたいのです。他のしあわせを考えない信仰は、単車のオートバイのようなものだと前に申しましたが、こうしたエゴイズムの信仰こそ、「現代の小乗心」(好ましくない呼称ですが)です。それも、強力な動力付きの単車ともなれば、騒音を発して周囲に迷惑を与えかねません。

刻々と身に迫る、老病死の黒煙

自分のことだけに夢中になっている間に、刻々と老病死の黒煙が身に迫っている事実を、「火宅の喩《たとえ》」は教えます。

「エゴイズムのめいめいの穴から出て、みんなのしあわせを願う〝思いやり〟の広場に来たまえ」と、この喩は呼んでいるのです。

「火宅の喩」の長者は、一人乗りのかっこいい羊・鹿・牛車を与えようと誘っています。長者（釈尊）は、子ども（迷える人々）の欲しがるものを与えようとなだめすかしつつ、少しでも高次なものに眼を開かせようと、教えの方法をあれこれ考え、想いをめぐらします。それが方便です。方便とは、愛情に満ちた臨機応変の教案《カリキユラム》に他《ほか》なりません。

インドでは、今でも牛と象とは聖なる獣として大切にされています。十字路を牛が歩いていると、たとい青信号であっても諸車はストップします。白牛はさらに尊ばれます。

釈尊が子どもたちに与えたのは、聖なる白牛の曳《ひ》く大いなる車ですから、大勢の人が乗れるバスです。聖牛が曳くとは、エゴイズムでなく、みんなのしあわせのために乗せて、みんなを安楽に目的地に運ぶ〝正しい乗りもの〟ということで、それを大乗仏教といいます。この教えを伝え、衆生を安らかにするために、釈尊は、この住みにくい三界に姿を現わすのです。このところを、梵語《ぼんご》の原文から、漢訳を経ずにストレートに和訳されたものを読んでみましょう。

彼（釈尊）は、生・老・病・死の苦しみと悲しみのために起こる苦悩とか、不安とか、混乱とか、無知とかの真黒な覆《おお》いにつつまれた人間たちを、貪欲《どんよく》とか、憎悪《ぞうお》とか、愚痴《ぐち》蒙昧《もうまい》から解放するために、そしてこの上ない「さとり」の境地に達するように励ますために、苦悩とか不安の火焔のために燃えさかり、屋根や覆いの朽ちはてた家さながらの三界に、姿を現わすのである（『法華経』上・171ページ）。

釈尊が、この世に姿を現わす理由は、以上で明らかです。愛欲に迷っていた子どもたち（衆生）は、釈尊の呼びかけに誘導されて〝火宅〟から度《すく》われたのですが、けっして、彼らが身の危険を感じて、自分から脱出したのではない事実を、心に深く刻みつけて忘れないようにしたいものです。

このことは、はるか後ですが、親鸞《しんらん》が、自著の『教行信証《きょうぎょうしんしょう》』で「如来招喚之頼命《にょらいしょうかんのらいみょう》（阿弥陀如来が衆生を招き呼びたまう仰《おお》せ）」という言葉に、脈絡《みゃくらく》を感じるからです。また、釈尊の呼びかけに衆生が応じることができたのは、衆生に仏性（仏になれる可能性）があるからです。衆生に仏性がなかったら、釈尊の呼びかけは空《むな》しかったでしょう。仏性とは、如来の呼びかけをキャッチできるすばらしい受信装置に他《ほか》なりません。

「妙法蓮華経」の経題は、仏性の徳を顕《あら》わす

私はまた、先に、法華経を捨てた白隠《はくいん》に対して最後は、法華経の方から白隠に呼びかけたと申しましたが、その縁は、白隠が四十二歳のとき、「譬喩品《ひゆほん》」を読む機会を与えられたからです（30ページ）。それからの白隠は、法華経をよく読み、六十三歳の秋ごろからは法華経を講じたことが、白隠の著『遠羅天釜《おらてがま》』下巻に見えます。

白隠は法華経講座のとき、「法華経の真の面目《めんもく》を見よ」と説き、また必ず「心外《しんげ》に法華経なく、法華経外《げ》に心《しん》無し」と教えます。たまたま、法華宗の老いた尼僧が、その意味を手紙で白隠に照会したので、白隠は長い書信で老尼に答えますが、その一節にこうあります。

妙法の一心は（中略）其の極処《きょくしょ》に到っては、法華経と云《い》い、無量寿仏《むりょうじゅぶつ》と云い、禅門には本来《ほんらい》の面目と云い、真言には阿字不生《あじふしょう》の日輪《にちりん》と云い、律家《りつけ》（宗）には根本無作《こんぽんむさ》の

戒体《かいたい》と云う。皆是れ一心の唐名《とうめい》なりと覚悟《かくご》（さとる）致さるべし。（中略）如何《いか》にとなれば、妙法蓮華経とは、一心不思議の徳を讃歎《さんたん》したる題号にて、一心本具《ほんぐ》の性徳《しょうとく》を指し顕《あら》わしたる言葉なり（『遠羅天釜《おらてがま》』下「白隠和尚全集五」竜吟社刊・172ページ）。

白隠は、妙法の一心が各宗派を統一する働きだとし、妙法蓮華経の経題は一心本具の性徳、すなわち仏性の徳を顕《あら》わすのだ、とのユニークな見解を示します。この見解が、白隠のいう「こころの外に法華経はない、法華経の外にこころはない」となるのです。

さて「譬喩品」で、釈尊は自身の誕生の意義と使命を述べましたが、肉体を具《そな》えた実在の釈尊（迹門《しゃくもん》）の説法の中心は「方便品《ほうべんぼん》」にありますので、法華経の順序のうえでは後もどりの形になりますが、次に「方便品」を学ぶことにいたします。

3章

〈法華経・方便品《ほうべんぼん》〉

〝純粋な人間性〟の発見――「方便品《ほうべんぼん》」

――無上の教育者・釈尊は、いかに個人の可能性を引き出したか

法を説くことを拒んだ釈尊の真意とは

「方便品《ほうべんぼん》」のはじめに、釈尊は、

　舎利弗《シャーリプトラ》に告げたもう、「諸仏の知恵は、甚《はなは》だ深くして無量なり。その知恵の門は解《さと》りがたく入りがたし」

と、舎利弗に告げるとともに、「それであればこそ」と言葉を続けて、「われ、成仏《じょうぶつ》してより已来《このかた》、種々の因縁、種々の比喩をもって、広く言教《ごんきょう》（言語で示した教え）を演《の》べ、無数の方便をもって、衆生を引導《いんどう》（正しい道に導く）し、諸々《もろもろ》の執著《しゅうじゃく》を離れしめた」と、多くの方便による教導の事実を重ねて明らかにします。言教に際しては、釈尊自ら「言辞柔《ごんじにゅう》軟《なん》にして、衆心《しゅうしん》を悦可《えつか》せしむ（言葉やわらかに、人々の心をよろこばせる）」と言います。

　釈尊は後にも申しますように、偉大な教育者でもあります。大声を張りあげたり、肩を怒らせての大雄弁でなく、たんたんと語って、しかも人々の心にしみとおる話法であったことが「言辞柔軟《ごんじにゅうなん》　悦可衆心《えつかしゅうしん》」の八字に感じとれます。といっても、いつもにこやかに、人から乞《こ》われるままに説法されたのではありません。人生論的な問いには、すぐに平易な事例を引いて答えておられますが、本質的なさとりに関しては、ときには沈黙をもって答としたり、あるいは教えることを拒否しつづけ、時機の熟するのを待って、はじめて口を開いたことは、法華経でも随処に見うけられるところです。

その理由は、諸仏の知恵（諸仏も知恵も、ともにさとりの意）の内容は、人間がくだす相対的、あるいは論理的な判断では、とても理解できるものではない――と釈尊は考えるからです。しかし、その場に集まった大衆を代表して舎利弗は、「そのところを、ぜひお説きください」と三度釈尊に頼みますが（三請《さんしょう》という）、三度断わられます（三止《さんし》という）。冒頭からドラマティックな方便が用いられます。

三止三請などと言うと、現代人には、いかにももったいぶった態度に思われるかもしれませんが、本当に教わりたいのなら、幾度謝絶されても、なお熱心に願いつづけるのが本当でしょう。

今の人は、辞書や事典を見ればわかることでも電話で質問します。そんなとき、私でも返事を渋《しぶ》ります。別に気どるのでも何でもありません。その人の熱意がもっと燃え上がってもらわないと、理解ができないのを案じるからです。しかし長距離電話をかけている、料金も大変な額になると思うと、ついお答をしてしまいます。結果的には、質問者にも私にも不満が残るのは、問う側にも答える側にも、熱心さと親切さが足りないからです。ものごとは、あまりにも安易に流すと、どうしても貧しい結果しか得られません。

釈尊が三たび請《こ》われて三たび拒《こば》む理由は、「仏と仏とのみ、能《よ》く諸法の実相《じっそう》を究尽《ぐうじん》する」からだと言います。「諸法」とは、すべての現象やことがらのことです。その実相（すべて存在するものの本当のすがた）は、真理に目覚《めざ》めた経験を持つ者同士の間ではじめて理解されうるわけで、これを「仏と仏とのみ、能《よ》く究尽す（究《きわ》めつくす）」と表現しているわけです。

“五如是《ごにょぜ》”――自分自身を見つめる方法

釈尊は三度請《こ》われて三度止められましたが、舎利弗が一同を代表してさらに懇請するので、釈尊も弟子たちの熱心な請いを受けて、説法をはじめられます。そのため「三止四請《さんししししょう》」とも数えます。釈尊は、まず「すべてのものごとや現象（諸法）が、どのようにかかわりあって生じ、またどのように存在するか」を、十箇の枠ぐみにまとめて説きます。言い換えれば、仏教思想の因縁の法則の範疇《カテゴリー》で、これを「十如是《じゅうにょぜ》」といいます。法華経を訳した鳩摩《くま》羅什《らじゅう》の漢訳は、きわめて煩瑣《はんさ》ですが、法華経の原典の梵語《ぼんご》文からの和訳では、次のようにきわめて簡単です。

「①（あらゆる存在は）何であるか ②どのようなものであるか ③何に似《に》ているか ④どのような特徴があるか ⑤どのような本質を持つか」の五項目（〝五如是《ごによぜ》〟）になっているので、たいへんわかりやすいわけです。

煩瑣《はんさ》な仏教学的学習とは別に、この五項目の上に、それぞれ「自分は」とつけると、人生論的見解も生じて、興味あるものになります。すなわち、

一、自分は、何であるか
二、自分は、どのようなものであるか
三、自分は、何に似ているか
四、自分は、どのような特徴があるか
五、自分は、どのような本質を持つか

となって、自分の内側を凝視《ぎようし》する枠《わく》が決まります。道元《どうげん》（曹洞宗の開祖、一二五三年没）の「仏道《ぶつどう》を習うというは、自己を習うなり」の言を助言として、この「五如是《によぜ》」を学習する

のも一法でしょう。

釈尊の前から突然退出した、五千人の弟子たち

また釈尊が、十如是を説くに先立ち、「唯《ただ》、仏と仏とのみ（唯仏与仏《ゆいぶつよぶつ》）、諸法の実相を究《きわ》め尽くしている」と語られるのは、真理（真実）のみが真理を知るということでしょう。いわば〝知る人のみぞ知る〟で、真理をさとらない人には理解できない世界です。といって、断念してはだめです。釈尊の歩んだあとをたずねるだけでなく、釈尊が求めたものを、現代人として求める意気ごみが大切です。理解できないからといって、ぽつねんとしていたら、分かることも分からずじまいになってしまいます。

法華経にかぎりません。自分の仕事でも学問でも、すべて、先輩の歩んだり学んだりしたあとをたずね、昔の人たちが求めていたものを常に求め続けるなら、私たちの人生もまた、新しく創造できるでしょう。

しかし、釈尊のいう「唯仏与仏《ゆいぶつよぶつ》」は、いわば知識をたたえるにも似た考え方のように感じられて、舎利弗《シャーリプトラ》らは不服です。その気持ちはみなも同じだと見た舎利弗は、また一同を代表して、「師よ、師はただ難解の法を称歎されるだけで、なぜお説きくださらないのですか」

と、なじります。しかし釈尊は「やみなん、やみなん、もしこのことを説いたら、誰もが必ず驚き疑うから語らないのだ」と重ねて拒みます。

話さない、と言われると是《ぜ》が非《ひ》でも聞きたいのが人情です。ここでも、先の「三止三請」が繰《く》り返されます。それは、けっして教えることを惜しむ釈尊の意地悪ではありません。教えを語り、また聞くには、双方ともそれぞれ心の準備が必要です。そのための方便でありましょう。やがて釈尊は、その機が熟したと見て舎利弗に、

「われは、まさに汝《なんじ》のために分別《ふんべつ》（分析）し、解説《げせつ》（説明）しよう」と答え、いよいよ釈尊の説法がはじまるときになって、とんだハプニングが起こります。このときの情況を読んでみましょう。

会《え》の中に比丘《びく》（出家した男子）・比丘尼《びくに》（出家した女子）……五千人等《ら》ありて、即《すなわ》ち座より起《た》ちて仏を礼して退《しりぞ》けり。所以《ゆえ》はいかん。この輩《ともがら》は、罪の根深重《ねじんじゅう》にして、及び増上慢《ぞうじょうまん》（思いたかぶる）にして、未《いま》だ得ざるを得たりと謂《おも》い、未だ証せざるを証せりとおもえり。かくの如《ごと》き失《とが》あり。ここをもって住《じゅう》せざるなり。世尊は、黙然として制止したまわず（『法華経』上・86ページ）。

退場したのは、いわゆる〝ぶりっ子族〟でしょう。習得してもいないのに、すでに習い覚え会得したように思い、まださとってもいないのに、さとったふりをするグループです。梵《ぼん》文《ぶん》には「うぬぼれの心を起こした五千人の者が座から立ちあがり（中略）、うぬぼれのために生じた悪い根性のために、かれらは得ていないものを得たと思い、達成していないものを達成したと思っていたからである。かれらは自尊心を傷つけられたと思って、その集まりから出ていったのであった」（『法華経』上・87ページ）と、目の前に見るように記述しています。これを「五千起去《ごせんきこ》」といいます。

校内暴力の中学で私が体験したこと

私は、先年、校内暴力事件で新聞やTVのニュースに出た東京都のある中学校へ、講演に招かれていきました。荒《すさ》んだ気持ちのままで卒業させたくない、入学当初のような柔らかい心を取りもどした少年少女にして学校を送り出したい——との先生方の願いからです。私は固辞したのですが、ついに承諾したのは、先生の思いつめた次の一言に感動したからです。「私たちもできるだけのことはしますが、あなたのお話を生徒たちは聞こうとしないでしょう。しかし聞かせてやってください――」と。先生の愛情が痛いほど感じられて、約束の日にその学校を訪ねました。私は、講演に先だち先生方に次のように依頼しました。

「私の講演中に、生徒たちがどんなに騒いだり乱暴したりしても、私の生命に危険が迫らないかぎり、彼らの言動を抑制しないでください」と。

私が演壇に立つと、私が予想したように、あちらこちらから私をヤジったり、私語を交《か》わしたりして、誰ひとり私の話を聞こうとはしてくれません。

しかし私は、ひそかな願いを持っていました。それは、呼吸には鼻と口の呼吸器官だけでなく、いわゆる毛穴でする皮膚呼吸というものがあって、この両者があいまって、人間が生存できるのと同様に、話にも耳という聴覚のほかに、肌で感じ合う〝皮膚の対話〟もあるのではないかと。だから私には、生徒たちの反抗的な言動は、あまり気になりませんでした。

ところが、突如として私を驚かす予想外のことが起きたのです。リーダーらしい一人の男生徒が手を挙《あ》げると、十五、六人の男女生徒が、ワッと大声を出して、講堂を駆け足で飛び出していきました。私も学生時代に、出欠の点呼が終わると教授の目を盗んで、そっと窓から校庭へ飛びおりて脱走した経験が幾度もあります。しかし、このように堂々と群れをなして退場されたのは、はじめての経験なので、私は思わず絶句しました。先生方も、彼らを制止しようと立ち上がられたのを、私は辛《かろ》うじてお断わりしました。そのとき、はからずも法華経「方便品」の「五千起去《きこ》」を思い出したのです。「釈尊の時代でも、このような反抗者がいたのか。お釈迦さまの説法の座を起《た》つ者が五千人もいたのか」と。それなら、私の場合、十五、六人の生徒の退場は、身分相応かもしれないと、元気を取りもどしました。

しかし後でよく考えると、人徳もないのに、毛穴から入る話をしようと思いあがった私こそ、〝ぶりっ子人間〟だったと反省するとともに、生徒諸君にも申しわけないことをしたと、今は恥じております。

人間は誰もが〝仏性〟を持つ

先にも記しましたが、釈尊は偉大な思想家であると同時に、また、優《すぐ》れた教育者でもありました。

その教育理念は、後に学びますが、人間は誰しも仏性《ぶっしょう》（仏となりうる可能性）という本来の人間性（私は純粋な人間性と申します）を、自分の内に潜《ひそ》んだ状態で持っています。この潜在する純粋な人間性を開発するのが教育です。したがって問題は、人間が人間を教育しなければ人間になれない、という点にあります。

しかし、教育する人間が「私が教育してやる」と思いあがっていてはだめです。しかるに、私は思いあがり、気負い過ぎたのです。私は重ねて懺悔《さんげ》するとともに、釈尊の人間観と教育観をあらためて学び、かつ信ずるようになりました。

仏教学者の故高楠順次郎《たかくすじゅんじろう》博士（一九四五年没）に「仏とは完成された人間・人間とは未完成の仏である」との名言があります。

したがって、誰もが持つ仏性《ぶっしょう》とは「完成された人間になりうる可能性」に他《ほか》なりません。人間は、誰もが仏になる可能性を持つが、現在は未完成な人間であるとの人間観は、人間愛に徹し、底ぬけに人を信ずることではないでしょうか。人間に対するこのように徹底した愛情と信頼があってはじめて、教育が成り立つのです。法華経では、この教育の理念を「授記《じゅき》（記別《きべつ》とも）」と呼びます。

授記は、釈尊が人々に「あなたは、将来において必ず仏（完成された人間）になれる」との未来に対する保証を与えることです。しかし、たんなる〝お墨付《すみつき》〟ではありません。必ず仏にさせよう、仏にさせずにはおかぬという、教育者としての釈尊の願いと誓いとが込められているのです。「成仏《じょうぶつ》」というのは、人間の完成をいうので、もとより死人の代名詞ではありません。成仏は「完成された人間に成る」ことであり、また「完成された人間に成らしめる」ことです。

〝縁なき衆生は度しがたし〟は釈尊の本意ではない

人間完成を保証する授記は、法華経では大切な釈尊の誓願です。釈尊自身も、過去の仏から授記されたとの発言もあります。釈尊は、また、舎利弗はもちろん、悪人の提婆達多《だいばだった》や、女性から畜類にいたるまで、みな未来に成仏するとの授記をしています。このことは、「存在するものは、みな仏性を具《そな》えている」とする大乗仏教の思想を表わしているのです（悉有《しつう》仏性《ぶっしょう》という）。この事実を知ると、世間でいう〝縁なき衆生《しゅじょう》は度《ど》しがたし〟は、仏教思想にそぐわないことがわかりましょう。

〝縁なき衆生は度しがたし〟とは、本来は「人の忠告を聞きいれない者は救いようがない」という事実を強調するためのことわざだと思いますが、このことわざはピントが外《はず》れていま す。「いかに慈悲深い仏さまでも、仏さまと縁のない（仏を信じない）者は度《すく》えない」というのでしょうが、〝悉有仏性《しつうぶっしょう》〟の大乗仏教の思想からすれば的外れで、それこそ〝お釈迦さまもご存じない〟戯《ざ》れ言《ごと》にすぎません。釈尊の臨終の説法という『遺教経《ゆいきょうぎょう》』で、釈尊は、

――たとえ、私が（これ以上この世に）久しく住《とどま》っても、このうえ異なることはないであろう。度《すく》わねばならぬものは、天上《てんじょう》といわず人間といわず、みな悉《ことごと》くすでに度《すく》った。その未《いま》だ度《すく》わぬ者も、後の世に度われるだけの因縁《いんねん》を作った（『新訳仏教聖典』大法輪閣刊）。

と最後の説戒《せっかい》をしています。このように仏教思想には〝縁なき衆生〟という考え方がないどころか、進んで「無縁の慈悲」を説きます。正しい「無縁」の意味は、私とか、誰とか、何をとか、どれだけとかいう意識がまったくなく、自分に対しても自分の行為を念頭に置かず、誰彼《だれかれ》の区別なく、等しく注ぐ深い愛情をいうのです。

おもうに〝縁なき衆生は度しがたし〟は、インドや中国で生まれた言葉ではなく、日本製のことわざだと思われます。徳川時代に出版された『諸芸袖日記《しょげいそでにっき》』という随筆に見えるのがはじまりのようで、それ以後、しだいに人の口にのぼるようになったのでしょう。しかし、今日のような時代には、仏性（純粋な人間性）と縁のない人間は一人もいない――という確信を持たないと、教育不在になってしまうおそれがあります。

校内暴力児を救った、用務員のおばさん

現代の大人も子どもも、みな純粋な人間性を心中に内蔵しているのです。誰もの心中に、このすばらしいこころが確かに潜在している事実を、私たちは忘れているのです。忘れているから迷うのです。忘れているのにすぎないのですから、何かのチャンスに思い出したら、あるいは思い出させたら、純粋な人間性はおのずから開発されるでしょう。

現に、私が講演に招かれた中学校の校長先生にその後お会いしたとき、先生が語られたお話で、この事実を痛感したのです。校長先生は言われました。

「あの後も残念ながら、先生と生徒との間でトラブルが起きました。血相を変えた一人の生徒が私の部屋へ飛びこんで来て、先生と取っ組み合って争っているうちに、ほころびた服やボタンの取れた箇所を私に見せて、『校長、どうしてくれるんだ』とわめきたてます。私も困りましたが、ちょうど折よく用務員のおばさんが私にお茶を持って来てくれたので、私はおばさんに、その少年の服のほころびを繕《つくろ》ってくれるように頼みました。彼女は快《こころよ》く引き受けて、その生徒を連れて用務員室へ行きました。

数分後、かの生徒はニコニコと笑顔をたたえ、三年前に入学した当初のような澄んだ静かな声で『校長先生、用務員のおばさんがこんなによく直してくれたよ』と、私に見せるので

す。そして独《ひと》り言《ごと》のようにつぶやくのです。

『おばさんはいいなあ、すぐに破れたところを縫ってくれるんだもの。うちのお母さんは毎日働きにいっているので、帰りは僕より遅いんです。この前も洋服を破いたとき直しておくれと言うと、後でしてやると言います。しかし朝になっても、ほころびた箇所がそのままです。僕がお母さん、だめじゃないかと言うと、母は、ああ忘れた、がまんして着ていっておくれって……。だけど、用務員のおばさんは違いました。すぐに縫ってくれたんだもの。僕うれしいよ。校長先生ありがとう』と、頭を下げて校長室を出ていきました」と。

校長先生は、このように語りながら、何か深く感じておられるようでした。私も胸中に熱いものを覚えたのです。その生徒がいじらしくなりました。そして、私はいろいろと考えさせられ、学ばされるのです。その生徒も私の講演の席にいたはずです。彼と私との間では、人間性開発の縁は実りませんでした。

しかし、用務員のおばさんの愛情ある洋服のほころびの繕いが、この生徒の心中に固く秘められていた、純粋な人間性（もう一人の自分）を掘り出す縁になったのです。思えば、そのよき縁は、彼の乱暴という悪縁が縁になったものです。また、その縁の実った場所は、彼が登校を好まない学校であったことも不思議ではありませんか。

仏教の思想は、人間の苦悩を起点とする

このように、人間のこころの開発の縁は、必ずしも善にかぎりません。そして縁の上にさらに縁が重なり合い、無数に積み上げられて結果を築くから、法華経では「重々無尽《じゅうじゅうむじん》」といいます。「重々無尽」は、あらゆる現象や存在が相互に無限の関係を持ち、作用しあっていく事実を表わす言葉で、法華経や華厳《けごん》経に見る思想です。

私は、その学校でこうしたことを学ぶとともに、現代人は、年齢や世代や男女の性別の如何《いかん》を問わず、みな苦悩しつづけている事実を、あらためて思い知らされました。仏教の思想は、もとより「苦のおもい」が起点です。

私たちには、生まれ・老い・病み・死という時間の経過から受ける四苦《しく》があります。さらに、愛するものと別れる・憎むものと共に生きなければならない・欲しいものが手に入らない・その反面で、満足の状態から生じる不安という、人と人、人とものとの関係から生ずる四苦を合わせて、八苦《はっく》があるとされています。

しかし現代は、高度の機械文明がもたらす多忙が、人間関係を冷却化し、親子間ですら思いやりのこころが薄まり、師弟の関係もまた隙間を生じました。このような人間関係や社会のゆがみが、現代人のすべてを被害者にするとともに、私たちはまた知らぬ間に、加害者や

犯人にも仕立てられていくのです。

この矛盾と複雑な社会現象が、現代人を異常な病人にしたのです。では、病める現代人をどのように治療すべきか――。その解決策を見つけるために、現代に適応する政治・教育・道徳・宗教の対応性と具体的指導方法の確立が、何よりも急務です。

私たちは、いま法華経を読んでいますが、問題は前記の課題に法華経の教え、思想は役に立つかどうか、です。その答えを早急に求めずに、いましばらく、じっくりとこの経を読みつづけていこうではありませんか。

さて「五千起去《きこ》」というアクシデントに対して、釈尊は私と違い、落ち着いて「黙然として制止したまわず」。彼らを目送《めおく》りしてから、何事もなかったかのように「かくの如き増上慢《ぞうじょうまん》（思いあがり）の人は退くもまた佳《よ》し、まさに汝がために説くべし」と述べ、つづいてかの有名な「一大事因縁《いちだいじいんねん》」を説かれることになるのです。

ただここで「かくの如き増上慢の人は退くもまた佳し」を、不熱心者たちの自然淘汰ができて結構だとか、去る者は追わずと解釈される向きが多いようですが、私はこの解説を採《と》りません。なぜなら、その解釈だったら〝縁なき衆生〟を認めるのに等《ひと》しいではありませんか。

たしかに、漢訳には「増上慢の人は教えを受けても、仏道を修行する能力がない」という意味の表現を用いています。

また、梵文からの和訳にも「うぬぼれた輩《やから》が出ていったのは、まことによいことだ」とストレートに描いていますが、法華経の作者たちは、「一見、無縁に見える輩《やから》の心中にも仏性がある」真実を示唆《しさ》するために、五千人起去の劇中劇を比喩として構成したのだと、私は考えます。

増上慢のかれらも、またいつの日にか良縁にめぐりあえるように釈尊は念じながら、舎利弗に「汝よ、今よく聴《き》け、まさに汝がために説くべし」（起去の連中の分まで、汝よく聴け）と言われているのではないでしょうか。すると「舎利弗『唯《ゆい》、然《しか》り、世尊《せそん》（釈尊のこと）よ、願《ね》楽《が》わくは聞きたてまつらんと欲す』」（『法華経』上・88ページ）との言葉のやりとりに、教えのいのちの脈動が感じられるではありませんか。

釈尊は、なぜこの世に生まれてきたのか

さて、釈尊が、「諸法実相」の説明として、いま舎利弗に向かって語ろうとする「一大事因縁」の内容がどのようなものであるかを、梵文からの和訳で読んでみましょう。

――如来《にょらい》の唯《ただ》ひとつの偉大な目的、唯ひとつの偉大な仕事とはいったい何であろうか。それは如来の知恵を発揮して人々を鼓舞《こぶ》するためであって、そのために如来はこの世に出現するのである。如来の知恵の発揮を人々に示すためであり、またそれを人々に理解させ、分からせるためであり、また如来が知恵を発揮するに至るまでの道程を人々に理解させるために、世尊はこの世に出現するのだ。このことがシャーリプトラ（舎利弗）よ。如来の唯ひとつの偉大な目的であり、唯ひとつの偉大な仕事である（『法華経』上・89、91ページ）。

現代語訳であるからよくわかりますが、釈尊がこの世に生まれた一大目的（一大事因縁）を一言で言えば、「迷える人々を救うため」ということになります。私たちもまた、なぜ犬や猫に生まれずに、何のために人間に生まれて、学んだり働いたりするのかと、自分の一大事因縁を見つめようではありませんか。法華経のこころを自分に引きあてて体験しながら読むのを、身体で読む――身読《しんどく》と申します。1章で述べた日蓮《にちれん》は、法華経を最もよく身読した人でありました。

法華経の説く釈尊出世（この世に生まれ出る）の一大事因縁（本懐）は以上のとおりですが、この経の漢訳者の鳩摩羅什《くまらじゅう》は、釈尊出世の一大事因縁を、釈尊は、自分が得た仏の知恵による自覚（仏知見《ぶっちけん》という）を、人々に「開かせ・示し・悟らせ・入らしむ」の開《かい》・示《じ》・悟《ご》・入《にゅう》の四つにあるとします。それを受けて、六世紀の中国の天台《てんだい》宗の開祖である智顗《ちぎ》は、「開は、ものの障《さわ》りが取れてよく見える。示は、あれこれと分（区）別して見える。悟は、深く合点のいく。入は、内へ入りこむ」と展開して説きます。

智顗のいうところをもう少し詳しく言うと、こうなります。自分の持っている知識・偏見・知ったかぶり、すなわち自分に執《と》らわれる自我が、さとりの知恵を得るには最大の障《さわ》りとなります。この障害が除かれると、すべてがありのままに見える、平等の知恵が開発されます。それが第一の「開」です。

平等の眼が開くと、同時に、それぞれの存在が個性的な意味を持つものであること、つまり、差別性も理解できるようになる――。これが、第二の「示」です。

さらに平等のままに差別、差別のままに平等という、差別と平等のバランスの取れたかかわりあいがよく合点できるのが、第三の「悟」です。

そして、このように理解できる自分と、自分をとりまく客観とが融《と》けあい、自と他とが相互乗入れをするはたらきが、第四の「入」といえましょう（入我我入《にゅうががにゅう》という）。

「仏見《ぶっけん》」――自分にも、何ものにも執《とら》われないものの見方

先に、仏の知恵による自覚を「仏知《ぶっち》」と申しましたが、仏の知恵とは空《くう》を知る知恵です。空を知る知恵を般若《はんにゃ》の知恵と申します。般若の知恵は、何ものにも一切執《とら》われないはたらきをいたします。よって仏知とは、無執着の知恵のはたらきのことです。

さらに、仏知は「仏知仏見《ぶっちぶっけん》（仏知見とも）」と展開されます。仏見は、仏の知恵による見方、すなわち、何ものにも執《とら》われない見方です。自分が見るという自分にも執われないようになると、見るのではなく「見えてくる」ようになります。目だけではありません。耳も同じです。自我がなくなると、聞くのではなく「聞こえてくる」ようになるものです。よって仏知仏見とは、人生を見る正しい見方（正見《しょうけん》という）を知る目が開けることです。法華経は、釈尊がこの世に生まれ出た本意とは、このような仏知見を、人々に「開かせ・示し・悟らせ・入らしむ」ため、とします。

出世の本懐を言い換えると、釈尊の〝生きがい・生きる目的〟となりましょう。したがって、法華経の「出世の本懐・一大事因縁」の項を読むときは、私たちは自分自身に引きあて

て、何のために人間に生まれて、何を目的に働くのかと、自分自身を見つめて読むのが、本当のお経の読み方です。ここでいう「因縁」はむずかしく考えずに、軽く「わけあい・かかわりあい」と受け止めればよいでしょう。

現代の社会は、平等と差別とのかかわりが、あらゆる組織のもとになっています。平等一辺倒では、社会は無秩序状態になるし、差別感情が強くなると、排他的になるでしょう。私たちは、部屋の戸障子などの立てつけが悪くて音のするのをガタピシと申します。ガタピシは、仏教用語の「我他彼此見《がたひしのけん》」の転用で、我《われ》と他人・彼《かれ》と此《これ》と対立差別する意味です。敷居《しきい》と建具、ヨコとタテとの関係がうまくいかないと、戸の開け閉《た》てにガタピシと騒音を発します。このことは、ひろく家庭や社会の人間関係にも通じる事実です。

人間はもとより、あらゆる存在は差別と平等とのバランスが保てて、はじめて我他彼此《がたひし》することなく安定できるのです。我と他人、彼と此とが、いわば相互乗入れ（入我我入《にゅうががにゅう》）するはたらきが、「入《にゅう》」といえましょう。

「開示悟入《かいじごにゅう》」——やる気を起こさせる教育

さらに、「開示悟入」を現代の〝企業の方便〟として学んでみましょう。「とかく新入社員は、仕事を自分から進んで覚えようとはせずに、教えられ、覚えさせられる受身の態度で終始する」との嘆《なげ》きの声を、管理職の方から聞きますが、指導者側にも工夫が足りなくはないでしょうか。

小さな子どもでも、自分の家庭で何かの役に立っているとの自覚が生まれると、幼くても進んで家事を手伝うようになります。一般の成人にも〝仕事指向心〟を起こさせる指導が必要でしょう。職場や組織の役に立ちたい、一役買おうとの心を「開」かせ、はじめて彼らの中に、やって見せようとする「示」が生まれるのです。そうすれば彼らは、受動的でなく、能動的に自分から進んで理解に努《つと》めるようになるでしょう。すなわち、自動的に自分の体で理解しようとの「悟」を目ざす意欲も起こすようになりましょう。そのためにも、指導者と被指導者との関係は、人間的にも精神的にも〝相互乗入れ〟の入我我入《にゆうがが にゆう》の信頼感が欠かせないことがわかります。

私は、故山本五十六《やまもといそろく》元帥（太平洋戦争で連合艦隊司令長官として作戦指導中に戦死）の名言「ヤッテミセ、ヤラセテミセ、ホメテヤラネバ、人ハ動カジ」を、開示悟入に応用展開して〝ヤル気ヲ発《オコ》サセ（開）、ヤッテミセ（示）、ヤラセテミセテ合点《がってん》サセ（悟）、ハダカニナラネバ、人ハ動カジ（入）〟と申しあげたい。なぜなら、人を使う人は、人を使いながら人を創《つく》る人でありますが、人を使うことにより、使う人もまた自分の人間が創られていくからです。

法華経の根本思想――諸法実相観

小乗仏教（正しくは上座部仏教）というと、何となく格落ちの感がしますが、先にも触れたとおり、実は、仏教思想の本流です。声聞《しょうもん》・縁覚《えんがく》・菩薩《ぼさつ》の三乗《さんじょう》の法は、上座部仏教の主要な教義であり、大切な実践でありました。法華経は、それらの価値を認めつつ、三乗の法を一乗法に総合統一します。一乗法を今の言葉にすると、単一・一元の真理です。しかも、三乗の法を否定することなく、肯定しつつ、より大きな思想に統合し成育させたのです。般若の空《くう》思想を諸法実相の思想に統合したのが、法華経の内容といえましょう。

因縁――相互に関連しあって生ずるすべての現象（諸法）を、真実の相と観察するのが、諸法実相観《しょほうじっそうかん》です。換言すると、すべての現象は単なる現象ではなく、真理（真実）の相《すがた》を示していると考える肯定的世界観、それが諸法実相観です。

諸法実相を「方便品《ほうべんぼん》」では、「諸法は、本《もと》より来《このかた》、常《つね》に自《おのずか》ら寂滅《じゃくめつ》の相《そう》なればなり（諸《しょ》法従本来《ほうじゅうほんらい》　常自寂滅相《じょうじじゃくめつそう》）」（『法華経』上・110ページ）と説明します。寂滅には多くの意味がありますが、一言でいえば、「安らぎの状態・安定した様子」で、差別と平等とが均衡のとれた様《さま》です。よって「方便品」では、「すべての現象は、本来そのままに、常にあるべきすがた（真実の相）を示している」と、諸法実相を述べているのです。

江戸前期の俳人で俳聖と賛《たた》えられる松尾芭蕉《まつおばしょう》（一六九四年没）の心の奥底には、この語が、深く印象づけられていたようです。それは、翁が臨終に、門弟たちから辞世の句を求められたとき、「昨日《きのう》の発句《ほっく》は今日《きょう》の辞世《じせい》、今日の発句は明日《みょうにち》の辞世、日頃《ひごろ》の一句辞世ならざるなし」と言いきり、「諸法従本来　常自寂滅相」と口ずさみ、「この語は、釈尊の辞世で、また一代の仏教この二句を出でず」と、弟子にというよりも、翁自身に語りかけているのでもわかります。

有名な「旅に病んで夢は枯野《かれの》をかけめぐる」の芭蕉の絶唱は、この言葉の直後に翁の口をついて出た一句といわれています。

お地蔵様に〝おわび〟をした少女の心に学ぶ

求道《ぐどう》の方便として「方便品」は、さらに具体的に次のように示します。

大人であれ、子どもであれ、壁《かべ》に（仏《ぶつ》）像《ぞう》を描く者は、すべて慈悲ある人となり、かれらはすべて幾千万の人々を救い、多くの求法《ぐほう》者を鼓舞《こぶ》しよう。一本の華を供《そな》えても、かれらは順次に幾千万の仏を見るであろう。
「南無仏《なむぶつ》（仏を礼拝し奉《たてまつ》る）」と、取り乱した心で一言《ひとこと》言っても最勝《さいしょう》のさとりを得よう。法は常に無性《むしょう》（空）にして、仏種《ぶつしゅ》は縁に従って起こると知り、この故《ゆえ》に一乗を説きたもう（『法華経』上・115、117、118ページ抄出）。

経典を書き写す写経も、仏像を模写する写仏も、みな一乗に帰入する尊い方便だと言います。

先日、ある新聞の家庭欄のコラムで、ある若い母の次の寄稿文が私の目に留まりました。

幼稚園帰りの子が、母の手を振り離して公園にまつられているお地蔵さまを拝んでから、母のもとへもどってきます。母は子どもに「ののさまに何をお願いしたの？」と聞きます。その子の答えは、母親の、いな大人の想像を絶するものです。

「お願いではないの、今日は、お花も何も持ってこなくって〝ごめんなさい〞とおわびをしたの……」と。

大人の私たちは神仏を拝んでも、とかく自分中心のしあわせを神仏に要求することのほうが多いようです。しかし、それも現代の〝小乗教〟として批難することなく、手を合わす縁を貴《とうと》びながら、少しでも高次の信心に高めようとするのが、法華経のこころです。その証拠に、先の幼稚園児の「何も持ってこなくって〝ごめんなさい〟」の一言に深くうなずき、かつ学ぶなら、それだけ、私たちの現代的なエゴの小乗的信仰も、しだいに大乗仏教的な利他の信心に高められていくのです。「方便品」の結びには、こうあります。

　意味深遠な言葉で多くを語っても、それを学ばない者たちには、それは実にさとりがたいものなのである。したがって、世間の師であり聖者である仏たちの意味深遠な言葉をよくわきまえよ。疑念を捨て、疑惑を去って、仏となれ。そして、それをよろこべ（『法華経』上・133ページ）。

ここに「火宅の喩」をはじめ多くの比喩の示唆《しさ》する〝意味深遠な言葉〟の習学の必要性を、重ねて知るわけです。

4章

〈法華経・信解品《しんげほん》〉

卑屈・虚無からの解放——「長者窮子《ちょうじゃぐうじ》の喩《たとえ》」

——自分の能力を信じ、いかにして自己開発に努めるか

「信解品《しんげほん》」――仏弟子たちの喜びの爆発

法華経の七喩の一つ「長者窮子《ちようじやぐうじ》の喩《たとえ》」（窮子喩《ぐうじゆ》）は、法華経第四章「信解品《しんげほん》」に説かれる比喩です。先に、釈尊の弟子たちは「誰もがみな仏になれる可能性（＝仏性）を持っている」と言われたが、いくら諭《さと》されても、このことが容易に信じられなかったのです。しかし、ようやくその教えが理解できるようになり、そのよろこびを訴えるのが「信解品」です。

窮子喩《ぐうじゆ》のストーリーは、一人の息子が幼時に家出をして放浪するうちに、乞食《こじき》（窮子）に落ちぶれます。わが子の行方を探しに出たその父は、旅先で商売に成功して豪商（長者）になります。

ある日、はからずも窮子は長者の邸《やしき》の前にさしかかりますが、長者が自分の父であるとは、もとより知りません。しかし長者は、彼がわが子であることを知り、招きよせますが、窮子は恐れて逃げ出します。長者は、家人に彼を捕《とら》えさえ、雇《やと》い人とし、しだいに重用して、最後にわが実子であることを明かして家財を譲る――というものです。

窮子喩を読んで私たちが感じることは、「現代人よ、精巧な機械の前に卑屈になるな、単調な作業のために虚無感に陥るな」との示唆でありましょう。

十九世紀末のロシアの作家で、社会主義リアリズム文学の創始者として知られるゴーリキー（一九三六年没）は、自作の戯曲『どん底』に登場する人物をして〝仕事の量だけで値打ちが決まるなら、どの人間よりも値打ちがあるのは、馬である〟と言わしめています。今なら、さしずめ〝仕事の量だけで値打ちが決まるなら、どの人間よりも値打ちのあるのは、コンピューターである〟と言い換えられるでしょう。量産の点では、人間はとても馬や機械には敵《かな》いません。

しかし私たちは、人間であることに自信を持たなければならないのです。人間が、馬や機械と違うのは、パスカルが言うように、人間は「考える・知る」能力を持つからです。それだけではありません。人間は「仏性を具《そな》えている」と、卑屈や虚無に陥りやすい人間を力強く励ますのが、この「窮子喩」です。

窮子喩を説く法華経の「信解品《しんげほん》」の信解の原語・アディムクティは、「心の在り方、意向という意味から、信念の意味にも使われる」ものです（渡辺照宏著『法華経物語』／大法輪閣刊）。現代に生きる私たちには、とくに信念を持つことが大切でありましょう。

釈尊は、人それぞれの能力と心ばえとをよく見て、しだいに小乗的な卑屈・虚無的な考え方を、大乗の高い理想に向かって、巧みに誘導します。この教えが説かれているのが「信解品」です。

家出した若者と、それを探しまわる父親

一人の若者がいた。彼は何かの理由で、父のもとを飛び出して、長い間、放浪の旅をつづける。彼は、今は見るかげもない貧しい乞食（窮子《ぐうじ》）になっていた。

彼の父は、わが子を探《さが》しに旅に出るが、たまたま、旅先での商売に成功して金持ちとなり、その地に居つき、立派な邸宅を構えて住むようになる。しかし、家出をした息子を、思いわずらわぬ日は、一日とてない。

彼は口にこそ出さないが、心中で（私は、巨万の富を持ちながら日ごとに老いていく。子どももありながら、どこにいるかわからない。いま私が死んだら、この財産も人手に渡ってしまうだろう。あの子がいてくれたら私も安心するのだが――）と悩みつづける。ある日のこと、当の息子は、父が住む町とも知らずにさまよいたどりつき、父の豪華な邸宅の前を通り過ぎる。父は門前で大きな椅子に腰かけ、多くの人に取り巻かれて商談をしていたが、若者と長者の視線が出合った。若者は思わず身をふるわせる。そして、（この長者は何となく恐ろしい。きっとこの国の王か、あるいは最高の実力者でもあろう。こんな人の目にとまったら、奴隷にでもされてしまうにちがいない。早いところ自分の性に合う貧民街を探そう）と、急いで豪商の父の前を走り去っていく。

富豪は、いち早く、彼が自分の息子であることを知り、使用人に後《あと》を追わせて連れもどさせる。捕えられた息子は「私は何も悪事をした覚えはない」と大声をあげて泣き叫び、恐怖のあまり、気を失って倒れてしまう。父は、やむなくこの貧児を解放する。彼は喜んで貧民窟へ一目散に突っ走っていった。

父は、なんとかして貧児を呼びもどそうとして、まず二人の使用人を、貧民に偽装させて彼に近づけさせ、「たくさんの賃金をくれる所があるから、おれと一緒に来いと誘《さそ》え。彼は卑屈になっているから、よい仕事だと言うと、また恐れをなすにちがいないから、われわれ二人と一緒に、あの富豪の邸で汚物《おぶつ》の清掃をするのだと、巧《たくみ》に誘え」と指示する。

貧児は、そのすすめに従って、富豪の父の邸宅の側に、粗末な小屋を建てて住みこむ。父は最愛のわが子が、父とも知らずに恐れおののき、汚物を汲み取る姿を見て、あわれに思うがどうにもならない。

恐れおののく息子を、父はいかに導いたか

一日、富豪は、彼が恐れないように気をつかい、着ている服を脱いで汚れた衣服に替

え、わざと泥で手足をよごして貧児の側に近よって、彼に、

「お前は、もうよそへ行くな。一生ここで働くがよい。特別な給料も与えよう。お前の欲しいものは何でもやるから要求しろ。ここにわしの着古しの衣類がある。わしに代わって、お前に着てほしい。ぼんやり立っていないで、わしの体の泥を取っておくれ」などと、じゅんじゅんと話しかける。長者は言葉を続けて、

「若者よ、わしを父親代わりにするがいい。わしは見るとおりの年寄りだし、お前はまだ若い。それに、お前の仕事を見ていると、お前には悪意も、不正も、不誠実も、傲慢《ごうまん》も見られない。また、かつてねこかぶりをしたことがないし、これからもしないにちがいない。お前には、他の下男《げなん》たちに見られるような欠点は、何一つ見うけられない。わしは、お前がすっかり気にいった。お前は、わたしにとっては実子と同じだ……」となだめたり、誉《ほ》めたりして彼を励ますのである。

それからは、富豪は彼を〝わが子〟と呼んだ。貧児は、よろこぶ反面、なお、「自分は雇《やと》われ者の貧しい若僧にすぎないのだ」との卑屈な思いは容易に捨てられず、相も変わらずあばら家に住んで、汚物掃除の仕事を担当しつづけた。

どれだけの時間が経過したろうか。やがて富豪の死の時期が近づく。彼は、それを意

識して貧児に巨大な財産の管理を命じる。貧児は、管理者になるが、少しの野心も欲望も起こさない。相も変わらず、例の小屋で、不満なく生活している。

富豪は、自分の臨終が迫るや、貧児を枕もとに呼び、土地の有力者を集め、その席でこう宣言する。

「皆さん、お聞きください。この子は私の実の子です。私は、この子の実の父です。この子が私のもとを失踪《しっそう》してから、数えて五十年もたって、ようやく父と子が出会えたのです。私の財産はすべてこの子に与えます」と。

貧児は、富豪の言葉に驚いて、「私は、もともとそんな気持ちなど少しもなかったのに、いま、この宝が自然《じねん》に私の掌中《しょうちゅう》に収まった」と気づいた（『法華経』上・225～239ページより抄出）。

法華経の革新性は、どこにあるのか

この「長者窮子《ちょうじゃぐうじ》（窮子喩）」は、私たちに多くの教えを示唆します。

私たちは、前章で釈尊が人生を「火宅」になぞらえて、愛欲からの解放の必要性を説いたことを学びました。「火宅の人生を早く脱出して、大乗という大きな教えの車に乗るがよい。

大乗は、声聞《しょうもん》・縁覚《えんがく》・菩薩《ぼさつ》という車を、みんな一度に輸送するバスだ。だから、みんなが目的地に達することができる」と、釈尊は詳しく説きました。法華経が生まれるまでの教えでは、声聞・縁覚・菩薩のコースは、いずれも阿羅漢《あらかん》までは行けても、それ以上の、釈尊のさとられた仏陀《ぶつだ》の境地まではとても到りえないと、きわめて根強く信じられていたのです。

ところが「方便品」で、釈尊は、「誰でもが自分と同じに仏陀（略して仏・如来）に到達する可能性を具《そな》えている」と、次のように、明確に記別《きべつ》（誓いと願いをもって証明すること）されるのです。

舎利弗《しゃりほつ》よ（中略）、われは（声聞・縁覚・菩薩の三乗の）方便を捨てて、ただ無上道《むじょうどう》（最勝の教え）のみを説くをもって、菩薩はこの法を聞きて疑網《ぎもう》（疑念）をみなすでに除き、千二百の羅漢も、悉《ことごと》くまた当《まさ》に仏と作《な》るべし（『法華経』上・128ページ）。

（今こそ、仏陀の本来の教えとさとりそのものを説かねばならぬ。舎利弗はじめ、すべての菩薩は、仏陀と同じさとりを得ることができるのだ。この法《おしえ》を聞いて、疑心もみな解け、千二百の羅漢《らかん》も、すべてこの世において仏陀になるであろう）

　このように、はっきりと記別されたのですから、弟子たちは驚き、喜びもしますが、一面に危惧《きぐ》の念も隠せません。「われわれのような者は、阿羅漢《あらかん》にはなれても、釈尊と同じ仏陀になれるわけがない。それは、まやかしの教えだ」と信じない者もあります。前に述べた釈尊の説法の座から、五千人もの人たちがいっせいに退場したのも、その一例です。

　阿羅漢（羅漢）は、梵語アルハルトの音写で、声聞や縁覚の教えを信ずる人たちが達成可能な最高の境地です。阿羅漢の意味は「尊敬に価《あたい》する人・拝《おが》まれるべき人」で、小乗仏教では、修行を完成した人を指します。また、学ぶべきことはすべて学んで、これ以上修学すべきものがまったくないから、「無学」とたたえられます。今日の解釈とまったく反対なのは、おもしろいではありませんか。

「無学」は、現在では学問や知識のないことですが、古代インドの解釈は前記のように逆です。私たちがいう学問や知識のない意味の無学は、仏教用語で「非学《ひがく》」とか「非無学」（無学でない）というもので、面食らいます。私たちは、また学問や知識のある人を、学がある意味で「有学」と尊敬しますが、仏教用語の「有学《うがく》」はこれと反対で、〝まだ学ぶことのある（未完成）者〟を指します。すなわち、仏教の知識を学んで知ってはいるが、迷いを完全には断ち切っていないから、まだまだ学ぶべき余地のある者が、「有学」で、阿羅漢に達した人が「無学」です。

したがって、学ぶべき事柄がまったくなくなった無学の阿羅漢位の人たちは、小乗の世界では最高に尊敬に価《あたい》する人であり、拝まれるべき人ですから、阿羅漢位にある人たちが誇りを持つのも当然です。

しかし、同じ大乗仏教の思想でも、法華経以前の般若《はんにゃ》の思想は「否定の否定」ですから、学ぶべき何ものもないとする「無学」をも否定します。ということは、結論的に言うと、学べば学ぶほど、自分がいかに無知であるかを思い知らされます。また、学べば学ぶほど道の奥が底なしに深いのがわかり、永遠の修行が求められるのです。しかし、道奥《どうおう》を究《きわ》めたと信ずる小乗の阿羅漢の人々には、この考え方は受け入れられるはずはありません。だから「そんな話は、聞く耳を持たぬ」とばかりに、いっせいに退場の〝五千起去《きこ》〟となったのです。

度のすぎた謙遜家は〝裏天狗《うらてんぐ》〟と呼ぶ

しかし、小乗教徒は、このような傲慢《ごうまん》な連中ばかりではありません。むしろ謙虚過ぎて卑屈になった人々が多いのです。つまり、修行者は阿羅漢位になって、学を究《きわ》めて無学となり、人々から尊敬され、拝まれる人格・教養を身につけたら満足です。上限の羅漢以上の仏陀になろうとも思わなければ、なれるわけはない、と思いこんで卑下するのです。この心情は、先の「長者窮子の喩《たとえ》」の窮子によく読み取れましょう。

釈尊は、高慢を戒《いまし》めるとともに、卑屈をもたしなめます。すなわち、「慢」は他人に対して誇りたかぶる心のおごりで、四慢・七慢を挙《あ》げます。高慢もその一つで、説明を要しませんが、卑屈を「卑慢《ひまん》」（卑下慢《ひげまん》）と呼んで、高慢とともに、好ましからぬ「心の作用」の一つに挙げます。

卑慢とは「多くすぐれた者より、少しだけ劣っているのにすぎない」と定義されているのも、おもしろいではありませんか。自慢することを〝天狗《てんぐ》〟というのは、天狗は鼻が高いと想像されているからでしょうが、それに対して「卑慢」の別称は何でしょうか。

私の修行友だちにケタ外れの謙遜家があって、どうにも仲間同士の気持ちがまとまりません。そのとき誰かが、この謙遜家に〝裏天狗〟の愛称を奉りました。裏天狗とは、天狗の面《めん》の裏返しです。天狗の面は表から見れば鼻が高く、いわゆる高慢面《づら》ですが、天狗の面を裏側から見ると、高い鼻がいちばん凹《へこ》んでいます。高慢と卑慢とは、天狗の面の表裏の関係にある事実を語る、すばらしい愛称です。〝裏天狗〟の愛称をもらい受けた彼は、しだいに過剰謙遜が正常の謙虚さにもどるようになりました。

大乗仏教の思想では「人間は、本来、仏性《ぶつしょう》を具《そな》えている」のです。人間は誰しも仏（陀）になる可能性を持っていると、法華経をはじめ大乗経典は説きます。「人間は、本来、仏である」と短絡《たんらく》的に理解すると、とかく高慢な人間が出来上がります。その反面に、「私のような罪悪深重《じんじゅう》な人間は、仏性などまったく持ち合わせていない」と、自分の価値を必要以上に切り下げると、どうしても卑慢な人間に成り下がります。その傾斜を防ぐためにも、正しい指導や修行や信心が必要なのです。

低次の理想に満足していた釈尊の弟子たち

さて、「信解品《しんげほん》」に話を戻すと、釈尊が舎利弗に向かって、「舎利弗をはじめとして、阿羅漢でも仏陀に作《な》れる」と記別されるのを聞いて、須菩提《しゅぼだい》ら四人の釈尊の高弟はびっくりして不思議に思うとともに、ひじょうに喜びます。そこで彼らは、「信解品」の冒頭の部分で、釈尊に向かい、虔《つつし》みやかにこう申します。

われらは年老いた年長者で、老衰していたため、自分で（阿羅漢《あらかん》の）さとりを得たと思いこみ、仏陀のさとりを求めようとも思わなかった。ところが、今日はじめて『声聞たちでも仏陀の最高のさとりが得られる』との記別を承《うけたまわ》り、偉大な宝を得た。と喜びをぶちまけ、自分たちの理解のほどを、「窮子喩《ぐうじゆ》」で「このように理解させてもらえた」と、釈尊に告白するのです。つまり、窮子喩は他の比喩とは異なり、釈尊がこの「長者窮子の喩」の聞き手になり、そのナレーターは、須菩提《しゆぼだい》ら四人の高弟なのです。

「世尊よ、われらはいま楽《ねが》わくば比喩を説きて、もってこの義を明らかにせん。たとえば……」

と窮子喩を話し出すのです。

「窮子喩」を釈尊に語り終えた須菩提らは、さらに釈尊に向かってこのように申します。

大富長者とは則《すなわ》ちこれ如来（釈尊）なり。われらはみな仏子《ほとけのこ》に似たり。如来はつねに、われらはこれ子なり、と説きたまえばなり。

彼らは、さらに言葉を続けて、

しかるに、われらが生きながらえていくうえにおいて、病気や飢餓《きが》などから受ける心身の苦悩（「苦苦《くく》」）・周囲の移り変わりを見て感ずる苦悩（「行苦《ぎょうく》」）・愛し楽しむものが破滅することから生じる苦悩（「壊苦《えく》」）の三通りの苦悩（三苦）に悩まされていました。私たちはその中で、低い理想が、適《かな》えられたことで満足していました。

如来は、私たちが低次の理想で満足していることをよくご承知でした。そして、今、巧《たく》みな方便によって、私どもを如来の知恵の後継者にしてくださいました。また「汝らはわが子なり」と言われたことも、如来の知恵の相続者であることも、私どもが「思い出すように」されたしだいも、私どもは気がつきませんでした。なぜでしょうか。私どもが劣った教えに甘んじていたからです。

いま、私どもは「望みもせず、求めもせず、欲しがりもせず、考えもせず、願いもしなかった仏性というすばらしい宝玉を授けられました。本当の如来の子どもとして――と、このように私どもは申しあげます」（『法華経』上・239〜243ページより抄意）。

釈尊は、小さな悦びを無限の悦びへと導く

以上、須菩提《しゅぼだい》らの信仰告白によって、窮子喩のこころがよく理解できましょう。中でも大

切な点は、「弟子たちはもともと仏陀の子である」ということで、これは、人は本来仏性《ぶっしょう》を具えていて、仏になる可能性を与えられている真実を告げているのです。ところが、私たちは自分の持つすばらしい価値を忘れていて、思い出そうともせず、現状で満足しているのです。

そして、無意識のうちに長者の家（真実のこと）から逃げ出そうとするのです。そこで、父である長者（釈尊）は、彼の心根にふさわしい低い仕事を与えて、自分だけが、その日その日を暮らせるだけの日給を与えます。つまり小乗の教えです。先の三種の苦しみに悩むあわれな人たちは、この小乗の教えに満足して、そこを心の安住の場として腰を下ろして、小成に安んじてしまうのです。

現代に当てはめて言うなら、わが家の家内安全・自分の商売繁盛などの目先の幸福だけを願い、その望みが仮に適《かな》えられると、これが神仏の恩恵であり、信心のたまものだと満足する小さな〝法悦《ほうえつ》〟に当たります。こうした心情が、私が〝現代の小乗教〟と呼ぶゆえんです。といって、けっしてそれを非難するのではありません。法華経は、小さな法悦をより大きな法悦に導こうとする教えであることを、「窮子喩」は、よく示しています。現代の私たちも、この比喩で目を覚《さ》まさなければなりません。

長者（如来）は莫大な財宝の持主ですが、この財宝は仏の無限の知恵のたとえです。また貧児とは、迷える私たちに他《ほか》ならないことは、すぐに理解されましょう。

さて、貧児がまじめに働くので、やがて彼は、長者から長者の家の財産管理を命じられます。管理行為は他人の財産を取り仕切る役目を遂行するのであって、自分のものになるのではありません。

それは、釈尊の弟子たちが、釈尊の教法をあれこれと取り仕切り、処理はするものの、あえて自分たちが実践して、教えを自分の身につけようとはしない、形式だけの仏教信者とも読めます。教法はよく知っていても、自身のものにしないかぎり、相も変わらず掘立《ほったて》小屋に寝起きするにも似た、貧しい心の日々をおくらねばならないでしょう。

窮子喩が長者の死の近づいたことを知らせるのは、釈尊の入滅の切迫を示します。長者の臨終のあいさつは、小乗的信仰が成育して、大乗の思想を継承することを明らかにするのです。

人間は、心の故郷《ふるさと》の素晴らしさを忘れている

次に、窮子喩にはいくつもの問題点があります。まず息子が父のもとを出奔して貧児にな

り、五十年にして父はわが子と知り（貧児は知らない）、さらに二十年間下ばたらきをして、親子の名乗りをするとありますから、現実的に計算すると、父は百歳以上、貧児も九十翁ということになります。この現実ばなれした数字は、人間の迷いの遥けさ、あるいは、果てしなき試行錯誤があってはじめて、真実の法に出会える仏法の厳粛《げんしゆく》さを象徴すると見るべきでしょう。

また、この比喩には、古代インドの商業とか社会状態などが描かれているようで、それはまた、その方面から見れば興味あることでしょう。しかし、それよりも、いつ・いかなる時代の社会生活にも、仏法が躍動していると読みとるのが大切だと、私は考えます。言葉を耕して読むことが大切です。

作家の菊池寛《きくちかん》（一九四八年没）に名作『父帰る』の戯曲がありますが、窮子喩は『子帰る』です。父のもとを出て、父を忘れ、最後にまた父のもとに帰る窮子喩を、私は〝豊かなこころの故郷を持ちながら、その事実を忘れ、長い時間をかけて、ようやく真実に帰る人間のこころの旅〟のドラマでもあると思います。現代ならさしずめ〝繁栄の中の孤児〟とも読みとれましょう。

十八世紀後期の日本の真言《しんごん》宗の高僧慈雲尊者《じうんそんじや》（飲光《おんこう》・一八〇四年没）に「阿字《あじ》の子が阿字

のふるさとたち出でて、またたちかえる阿字のふるさと」の一首があります。真言密教では、すべての根元で生滅のないいのちを「阿字」と名づけます。人間も、根元の仏性というすばらしいふるさとを持ちながら、ときとして故郷から迷い出て、煩悩の巷《ちまた》を放浪することがあっても、やがては本来の仏性に帰っていくものだ――というもので、これは「窮子喩」のこころを詠歎した作歌でありましょう。

また、「窮子喩」で、長者が貧児を「お前の仕事を見ていると、お前には悪意も、不正も、不誠実も、傲慢も見られない。また、かつてねこかぶりをしたことがないし、これからもしないにちがいない」と賞《ほ》めた言葉は、いつの時代の人間にも欠かせない徳目です。

たまたま郵送されてきたある大手都市銀行の社内誌に、遠藤波津子《えんどうはつこ》さんの次の談話が載っていました。遠藤さんは、美智子皇太子妃殿下付の美容師さんで、各界の著名夫人や、有名な女優さんの美容を担当していらっしゃる方です。

「ええ、結局、お客さまから人間的に信頼される技術者が、本当に魅力のある技術者なんですね。プロである以上、技術が優《すぐ》れてるのは当然なことですけど、技術はファイトと努力さえあれば上手になります」と、単に技術が優れているだけではだめで、人間的に信頼されるものを持っていなければ、魅力ある技術者にはなれない事実を語っておられました。前記の

「窮子喩」の貧児の作業ぶりが、長者に注目されるのも興味のあるところです。

「清浄心」――善悪を超越した境地

また、窮子のする作業がきわめて汚ないので、私たちは、反射的に不浄に対応した「清浄」な行為を思い起こします。しかし窮子の作業はなるほど不浄ですが、作業する態度は、きわめてまじめですから、窮子の心根は「清浄」といえましょう。どの社会にあっても、仕事の内容よりも仕事をする本人の心がまえが、より大切であることは、いつの時代でも同じです。私がつねづね「雑用というものはもともとない、みな立派な仕事だが、それをする人の心のあり方で、せっかくの立派な仕事も雑用という不浄な仕事になってしまう」と考えるゆえんです。

法華経をはじめ、大乗仏教の持つ清浄・不浄の考え方は、このような倫理的解釈に止《とど》まらず、より高次なものとしてとらえます。すなわち、浄と不浄とを相対的に見て、より好みをしたり、価値づけたりすることなく、平等に浄・不浄を観察します。こうした平等の認識を、法華経では「清浄観《しょうじょうかん》」と名づけています。

たとえば、法華経第二十五章の「普門品《ふもんぼん》」の偈《げ》で「真観・清浄観・広大知恵観・悲観および慈観」の五観を説きます。五観を五つの人生観なり、世界観と受け取ってもよいでしょう。真観は真実の観察で、すべてを空の存在と認識する空観です。清浄《しょうじょう》観は、いま学んだように、浄・不浄をはじめ、すべてに偏向しない観察。広大な知恵観は、虚無観に落ちない中道観です。悲観は、人の苦悩をわが苦悩と観じ、慈観は、すべての人をわが友と観じる平等観をいいます（拙著『観音経入門』／祥伝社新書参照）。

しかるに、この比喩の窮子《ぐうじ》は、自分と他者との間に一線を引いて、同じ人間を平等に考えません。自分を卑屈にし、他者を恐れる選別好悪《こうお》の念に執《とら》われているから、清浄観とはほど遠い人生観だったのです。

法華経は、人間は本来清浄であり平等であると教えます。人間は、生まれながらに煩悩の塵《ちり》ひとつない〝汚れもとらわれもない〟仏の清浄な心（仏心）を持っているのです。ただ、ここで注意すべきは〝汚れ〟と〝とらわれ〟とが同意語に用いられて、ともに悪徳であるとされていることです。たとえば、煩悩だけではなく「仏心」にもとらわれたら、それは汚れであって清浄でない、という厳しさがあることです。換言すると、仏心は、善悪のいずれでもない清浄心です。善悪の相対的価値以前のもの、善悪を超越した根元的なこころなのです。

　このように、善でも悪でもないものは、善悪いずれとも記注《マーク》できないから、「無記《むき》」（記《しる》し別《わ》けられない）と表記します。また、清浄は何ものにもとらわれない特性を持つから、無記にもとらわれません。何かにとらわれたら、清浄ではなくなり、「汚れ」となるでしょう。ゆえに、仏性は「善にもあらず、悪にもあらず、また無記にもあらず」との絶対平等の人間の本性ということになります。いわば清浄の仏性というのは、〝純白をさらに漂白した清浄〟としか言えないのです。

　本性《ほんしょう》（来）清浄の人間性に、なぜ善悪の芽が生じるのでしょうか。それは後天的な条件（因縁という）の教育・環境・自分への関心などによるものです。ゆえに、仏教思想は、他とのかかわりあいの関連性の因縁の法を、きわめて重視します。したがって、仏性は、他学派の性善説や性悪説とは、まったく異なる人間観なのです。

浄・不浄の決定は、その行為にあらず、その心にある

　本来、清浄の仏性を有する私たち人間が、社会生活をするのですから、法華経にあるように、あらゆる職業はみな菩薩行《ぼさつぎょう》にならなければならないはずですが、実際は菩薩行とほど遠いのは、人間の我欲のしたたかさのせいであるのは明らかです。

十四世紀の禅僧夢窓《むそう》国師（一三五一年没）が、当時の武将足利直義《ただよし》（室町幕府初代将軍・尊氏《たかうじ》の弟）の世俗的な質問に、丁寧に答えた教えを集録した『夢中問答集《むちゅうもんどうしゅう》』にも、このテーマが載っています。現代文に読み変えて、次に紹介します。

直義が夢窓に「利己心を満足させようとして幸福をもとめるのは、罪の行為の因となるから禁ずるのはわかります。しかし福を祈らんがために神仏をうやまい信じ、経《きょう》・陀羅尼《だらに》（真言）を誦《とな》えつづけるのは、仏道と縁を結ぶことにもなるのだから、許されてもよいのではないでしょうか」

と問います。夢窓はこれに答えて、

「せっかく仏性を具えた人間に生まれて、仏性をさとろうとせず、お経などを誦《とな》えて世間なみの福を追求するのは愚かでないか。古人も言っている。『一般の世俗の生活をしていても、執着心を去るなら仏法の生活となる。しかし仏法的な生き方をしていても、そこに愛着の思いが生じたら、もう仏法ではなくなり、世俗の生活と変わらない』と。

逆に、世間の種々の事業をしていても、つねに仏法を修め、人々を正しくリードするための方便《てだて》なら、それはみな善根となるであろう。また、そうしているうちに、仏法をさとることができたら、前にしていた世間の事業が、さとりの境界を得る作用ともなろう。ゆえに法華経に『日常の生業《なりわい》も、すべて仏法の真《まこと》の相《すがた》と違背《いはい》しない』と説かれているのは、この意味である」

夢窓が引用する法華経の言葉は、第十九章「法師功徳品《ほっしくどくほん》」の説く、

若《も》し俗間《ぞっけん》の経書《きょうしょ》、治世《ちせい》の語言《ごごん》、資生《ししょう》の業等《ごうら》を説かば、皆正法に順《したが》わん（『法華経』下・122ページ）。

（たとえ、世間なみの善い教えを説いた書物や、政治的なことばや、経済の仕事などを説いても、みな正しい法となるであろう）

これが「意根清浄《いこんしょうじょう》」の一節です。とかく神仏に仕えるのを浄、生業に携《たずさ》わるのを不浄とする差別の考え方を否定し、「私たちの毎日の生活そのままが、ただちに仏法である」という事実を明らかに教え示すものとして、この一節は昔から重視されています。

「窮子喩」に見る、貧児のいわゆる不浄の仕事も、意根が清浄なら、必ず正法のはたらきとなることを知ります。

「便所の汲取口《くみとりぐち》から見た人生も、また愉快」

かなり以前の『週刊朝日』に、四国に住むHさんの手記が載っていました。彼は事業に失敗したあせりを、酒と女にまぎらすうちに、ついに転落して自殺をはかります。しかしHは（一人で死んではおもしろくない、誰かを道づれにしよう）と、とんでもない悪意を起こし、短刀を懐《ふところ》にして、ある家の前に立ったのです。

ところが、その家の赤ちゃんのかわいい泣き声に居たたまらず、Hは逃げ出すのです。しかもさいわいなことに、Hは逃避行を続けていくうちに、自分自身を振り返るゆとりを取りもどしました。そして、「同じ死ぬなら、世の中のためになることを一つだけでもして、死のう」と、ひそかに自分に誓ったといいます。

すると、Hは自分の体から悪血《おけつ》が除かれたように楽になり、目の前もしだいに明るくなって、期せずして第二の人生を踏み出せたのです。彼は「何かを信ずるこころを持って、世の中を渡るなら、怖いものは一つもない」という事実を肌で感じます。

それからのHは、当時まだあった、便所の肥汲《こえく》みに従業します。そして、どのような生活にも生きがいのある事実を知ったHは、少しも卑屈になりません。彼は「便所の汲取口から見た人生もまたおもしろい。くさい生活の中にも、歌があるじゃないか。詩もあるじゃないか」と手記を結んでいます。

窮子喩《ぐうじゆ》の貧児は、Hさんと違って、卑屈のうえにさらに虚無感に落ちこんでいます。一度、虚無感に浸ると、そこから浮かびあがるのは容易ではありません。

マンネリズムの中で、現代人が心すべきこと

法華経の比喩の窮子《ぐうじ》が、卑屈と虚無の世界から救われたのは、父をはじめ周囲の人たちのさまざまな、きめの細かい指導によって、自分の心中に埋みこめられた仏性という価値に気づかしめられたからです。現代の私たちも、これに類した何らかの自己開発が必要ではないでしょうか。

たまたま、私はノートルダム清心女子大学学長の渡辺和子《わたなべかずこ》さんのエッセイを読んで教えられました。エッセイによると、渡辺さんが修道院に入って間もなく、百数十人の同僚たちとともにアメリカに派遣されて、しばらく共同生活をされたときのことです。

百枚あまりの皿を並べて、その上にスープ皿やフォークなどを置く作業をしたときです。ある先輩のシスターから「あなたは何を考えてしていますか」と質問されました。

私は「何も考えておりません」と答えたものの、実際は「つまらないなあ」と思いながらしていたのです。

　すると、そのお方が「あなたが一枚のお皿を置くとき、このお皿で召しあがるお方がおしあわせであるように、と思って置いたらどうですか」とおっしゃったのです。私は(同じ仕事をおもしろくするのもつまらなくするのも、みな私なのだ)と教えていただきました。

　食事がすんで、たくさんの皿を洗って拭《ふ》いていると、そのお方が、また私に「ただ拭いているのではなく、一枚一枚のお皿がきれいになるように、あなたの心がきれいになるようにと祈りながら拭いてはどうですか」と言われて、なるほどそういう時間の使い方があるのだ、と気がつきました。このことを、ある日本の方は、〝世の中に雑用はありません。あなたが用を雑にしたときに雑用が生まれるのです〟とおっしゃっています(PHPゼミナール通信一八号)。

　たしかに、卑屈や虚無的な心情で仕事をしたら、いかなる仕事もみな卑屈・虚無の雑用になってしまうでしょう。このゆがみを正すのが「毎日の実際生活がそのまま仏法に適う」

（資生産業即仏法《ししょうさんごうそくぶっぽう》）ように教えを聞くことです。キリストの教えなら、〝神の愛を込めてすること〟でありましょう。仏教思想では「仏作仏行《ぶっさぶつぎょう》」（仏の作行《さぎょう》）といいます。私たち人間の行為でなく、仏のする行為をせよ、という意味です。

「長者窮子」の比喩は、はじめに記したように、須菩提《しゅぼだい》などの小乗教徒が、大乗の真理に覚《かく》醒《せい》した体験の告白です。釈尊は、さきに「火宅の喩《たとえ》」で人間のエゴによって生じる苦悩からの脱出をすすめ、いま「長者窮子」の比喩で、卑屈・虚無の悪徳を超越して仏作仏行・資生産業即仏法という、次に高いランクへと私たちを導くのです。

それも、釈尊の一方的な説法によるのではなく、弟子たちがこの事実を自覚するわけで、私たちはそこに、弟子たちの精神遍歴の向上を読み取ることも大切です。それはまた、いま法華経を読む私たちの基本的な心得でなければならないでしょう。

5章

〈法華経・薬草喩品《やくそうゆほん》〉

執着心を乗り超える知恵——「薬草《やくそう》の喩《たとえ》」

——「平等」にも「差別」にも執《とら》われない、「清浄心」の境地とは

平等と差別を超越した「一乗の法」とは何か

「薬草喩《やくそうゆ》」は、「三草二木《さんそうにもく》の喩《たとえ》」ともいわれ、法華経第五章「薬草喩品《やくそうゆほん》」に説かれている比喩です。薬草に大・中・小の三種、立木《たちぎ》にも大・小の二通りの違いはあっても、同量の雨にうるおされると、大・中・小の草も木も、それなりに成長して、それぞれ薬になり、病《や》む人を救います。

それと同じに、人にはおのおの素質や能力の違いがあっても、仏の教化《きょうけ》を受けるなら、いつかはみな各自にさとりを得て、世を救う者となることを、この比喩では三草二木に喩《たと》えて説くのです。

さらに、この比喩は平等と差別に関して、深い示唆を与えています。すなわち、平等と差別の二つの現象を超越して、「絶対一」という境地を創造するのです。この絶対一のことを、法華経では「一乗《いちじょう》の法」といいます。つまり、法華経の諸法実相の考え方を、平等と差別を乗り超えた一乗の法で認識することを、わかりやすく示す大切な比喩なのです。

「三草二木の喩《たとえ》」が説かれている「薬草喩品《やくそうゆほん》」は、般若経の説く空《くう》の考え方を、さらに一歩踏み出します。空の思想は、1章でも述べたとおり、否定の否定によって肯定の世界を見るものです。これに対して、法華経は般若経が否定を否定した末に肯定した世界（諸法）

を、真理がありのままに表現されているものと、最初から肯定する精神に貫《つらぬ》かれています。

たとえば、三草も二木も種子から成長して、やがて枯れてゆく無常の存在と見るのが般若の思想です。また一本の草も一本の木も、単独で存在できるのではなく、太陽の光や空気や水など、無数の縁とのかかわりあいによって、はじめて存在できると見るのが般若の思想です。さらに、それを普遍化すると、すべて変わりゆく空《くう》の存在だからこそ、「いま」という再び帰って来ない時間の価値を肯定するというのが、般若の考え方です。また、すべての存在は無数の縁とのかかわりあいによるのであるから、縁の価値を肯定するのが般若の考え方です。

一方、法華経の思想は、般若が、最終的にこのように肯定したすべての存在（諸法）を、それぞれ仏の知恵と慈悲とをありのままに表現する実相そのものだと考えます。つまり、般若の肯定をさらに肯定するもので、これは法華経の教えが〝現実肯定〟だと言われるゆえんでもあります。

また虚無的になりがちな声聞・縁覚の二乗の思想に積極性を与えようとの指導も、「薬草喩品」で行なわれていますので、これも忘れてはなりません。

同量の雨を受けた草木でも、生長の度合いはみな違う

では、「三草二木の喩《たとえ》」を紹介しましょう。

山や谷や野には、見るからに、さまざまな草木や薬草が生《は》えている。草木の種類は数が多いから、名も違うし、色も形も大きさもみな異なっている。

あるとき、同時に同量の雨が等しく地上に降りそそいだとしよう。山や谷や野原に生えている、大きな木も小さな草も、みないっせいに雨の恵みを受けて生長し、花を咲かせたり、実を実らせたりするであろう。しかし、草木の生長の度合いは、植物の品種や環境によって異なるであろう。

同じ地上に生えて、同量の雨を、同時に等しく受けても、このようにさまざまに異なる生長をしていくのである（『法華経』上・266ページより抄意）。

わかりやすく、何を言おうとしているかが一読してすぐに知れる比喩です。すなわち、釈尊が自分の説法を、大小さまざまの草木に降りそそぐ雨にたとえて、語られているわけです。

ところで薬草を研究している人の話によると、薬用にならぬ草は、ほとんどないといってもいいほどだそうです。毒草といわれるものでも、作り方と用い方が正しければ、薬用にも食用にもなりますが、製法や使用を誤ると、薬草も毒薬に変ずる事実は、一般によく知られています。

私は、私と長男の哲明《てつみょう》と二人で得た印税や原稿料などを積み立てて、北軽井沢《きたかるいざわ》に誰でもが坐禅できる「日月庵坐禅堂《にちげつあん》」と「星雲苑研修所《せいうんえん》」を設立しました。あるとき「アサヒグラフ」誌などで精進《しょうじん》料理の作り方を指導している金丸宗哲《かなまるそうてつ》師を招いて、料理講習会を開いたことがあります。金丸さんは手ぶらで、いや包丁一挺《いっちょう》ぶらさげてブラリと来て、坐禅堂の周囲に生えている草木をあれこれと採集して、たちどころにおいしい山菜料理を作ってくれました。材料は山野に自生している草木類で、私たちは、まったく食用になるものではないと思っていたものが、みな食べられるのと、その味がおいしいのにびっくりしました。アカシアの花房の天ぷらなど、まことにすてきでした。

食用にならない茸類《たけるい》のサルノコシカケがガンの療用に供されるなど、草木が全部とは言えませんが、みな、それぞれ何かの役に立つ機能を持っているようです。しかし、この事実を知る人間が、私もふくめて少ないのも事実です。

「薬草」とは、人間の心の底にある〝仏性〟である

おもいますのに、多くの草は薬用になる本質を、小さな芽の頃から、いや発芽以前に、すでに具《そな》えているのです。この事実を多くの人は気づかなかったのですが、植物学者にかぎらず、誰かがふとした機会に薬用になる価値を発見して、はじめて〝薬草〟と呼ぶようになったのでしょう。他に知られない、埋《うず》もれている価値を発見し、それを開発することによって、本来の価値を完成することとは、薬草の場合だけではありません。

法華経の「薬草喩品」の薬草は、私たち人間になぞらえています。人間の誰もが、心の奥底に仏のいのち（仏性）を持つとの大乗仏教の人間観が、〝薬草〟の名で表わされているのです。しかし、その薬草の上に機会均等に雨が降りそそいでも、草木のすべてが同等の高さに生長するものではありません。

釈尊の法《おしえ》は〝一味《いちみ》の法《おしえ》〟といわれます。あたかも海水の辛《から》さが同じ一つの味であるように、釈尊の教えはつねに平等に説かれるわけで、教えそのものに少しの差別もありません。しかし教えは平等でも、教えを聞く衆生《しゆじよう》の側は、それぞれ自分に相応した力で受け止めますから、理解の程度は、みな同じというわけにはいきません。同じ分量の雨が注がれても、薬草の生長が個々に異なる事例によって、教えの受容量にも差のある事実が指摘されていま

す。三草二木の「三」・「二」という数量について、仏教学者は細かく分類しますが、今はそれに触れません。そうした専門的な研究よりも、平等の雨を受けながら、草木の生長に差が生じる事実を、「平等の一味の法」で包括《ほうかつ》している点に注目すべきでしょう。人間の場合でも、人が持つ能力はそれぞれ異なりますし、環境もまた違いますが、大切なことは釈尊の教えによって、個別差そのままに、等しくみんながさとりを得られる事実を、読みとるということです。

平等の一味の教えを言い換えると、法華経の説く「一乗の教え」（一乗法）となります。一乗法については、前に少し触れましたが、すべての人々（一切衆生）をみな平等に仏（人間完成）とならしめる教えです。「乗」は人や物を乗せて運ぶ乗物をいいますが、人を度《すく》う法《おしえ》の譬《たと》えです。「一」は、はじまりであるとともに、統一とか、収めるといった「絶対一」の意味を含みます。

「一乗法」――すべてを包括した絶対一の教え

ここで、今までの学習を一応まとめて確認いたしましょう。法華経以前には、声聞乗《しょうもん》（釈尊の教えを聞いてさとる）と縁覚乗《えんがく》（因縁の道理を知ってさとる）の二乗の法、つまり二つの教えがありました。さらに菩薩《ぼさつ》乗といって、他に教えを求めず、さとりも求めず、ただ黙々と求道の精神で修行する教えがありました。前の二乗とこの菩薩乗を合わせて三乗といいます。

しかし、三乗の教えのすべてに通じて言える欠点は、ただ自分中心の勉強やさとりであって、他《ひと》のことを考えないことです。この意味で小乗（小さな教え）と非難されたのです（54ページ）。

また三乗の教えを信ずる人は、繰り返しますが、学問や修行の上限（最高位）とされる羅《ら》漢《かん》に到達し、人々から尊敬されることに満足していました。彼らは、羅漢以上の仏の位に登れるなど、夢想したこともありません。釈尊のような仏になれる可能性（仏性）が誰にもあると考えること自体が、釈尊を冒瀆《ぼうとく》することだと恐れ、かつ、そう信じきっていたのです。

こうした小乗教に対して、般若経や華厳経や法華経は、すべて「誰でもみな仏になれる可能性がある」（悉有仏性《しつうぶっしょう》）と説き、また「自分だけでなく、他人をもさとらせて、しあわせにすべきだ」とすすめます。

法華経では、ただ一つの真実の教えとして「一乗法」を説きます。一乗法を一言で言えば、「いのちあるものはみな仏になる」という教えです。したがって、一乗と大乗とは同意語になります。現代の仏教書でも一乗と大乗とを同じに解釈しています。

しかし、厳密にいうと「大乗」といっても、三乗に対しての相対的な呼び名であると思われたり、小乗教よりも大乗教がすぐれているとの語感を覚えます。そんな相対観や比較観を超え、両者を統一した絶対一の教えの意味で「一仏乗法」、約して「一乗法」と呼ぶのです。一乗法の呼称は、大乗教と三乗教とを包括して、絶対一の教えであるという事実を示唆します。日本では、聖徳太子《しょうとくたいし》（六二二年没）が一乗法をこのように理解された最初の一人です。一般に、法華経の思想が最高の教えとして憧憬されるのも、以上の理由によるものでありましょう。

釈尊は、何のためにこの世に生まれたか

しかし優劣感が少しでも漂《ただよ》ったら、正しい意味での一乗法とはいえません。「薬草喩品《やくそうゆほん》」に、「声聞・縁覚・菩薩の三乗の教えのいずれも、みな大切な教えであるから、これまでも釈尊はそれ（三乗の法）を説いた。しかし三乗の教えは、いま説く唯一（絶対）の教えの一乗に導入するための方便である。これまで説いた三乗の教えも、つまるところ、この一乗に帰するので、二乗とか三乗の区別も今は必要がない」

とあるのを、よく味わうべきです。

言い換えれば、三乗があったから一乗への道が開けたので、三乗なくしては、一乗法もありえないでしょう。歴史的にいえば、三乗教が一乗教より先行していました。いま、それらを統一する事実を、釈尊は、「昔、私も三乗を説いた」と文学的に表現するのです。

しかし当時の人々は、それまでの三乗教の教えと、革新的な法華経の思想との間に生じた谷間《ギャップ》に戸惑ったにちがいありません。そして容易に一乗法を理解することも、まして信ずることもできなかったのでしょう。そこに、比喩を借りなければ説法も伝道も不可能だった事実が、あらためて理解されます。

しかし、何としてでも一乗法を人々に説かねばならぬ。その決心のために、釈尊はこの世に生まれたのです。それがすなわち、釈尊の「出世《しゅっせ》の本懐《ほんかい》」(この世に生まれた直接の目的・本意)であり、法華経が開示されたゆえんです。

少し逆もどりしますが、法華経の「方便品《ほうべんぼん》」に「十方の仏土(真理の存在するあらゆる場所)の中には、唯《ただ》、一乗の法のみありて、二もなく亦《また》三も無し(十方仏土中　唯有一乗法無二亦無三)」と、明らかに一乗法だけが真実の法《おしえ》であると宣言します。また、同じ「方便品」では、釈尊の「出世の本懐」とならんで、釈尊の「出世の一大事因縁」(81ページ参照)

ということがいわれます。その意味は「釈尊が、どうしてもこの世に現わ（生ま）れて、果たさなければならない仏の任務」のことです。そしてその任務を告げるのが、すなわち、この比喩「三草二木の喩」です。

つまり「この世の人々は、みな程度や能力が異なっている。よって、その差に応じて、その人に適応した導きを与え、すべての人を度《すく》わずにはおかない。すべての人は、自分に適《かな》った教えによって、仏性を開発されて仏に成れるのだから」というのが、釈尊の「出世の一大事因縁」です。

以上で、法華経における「三草二木」の比喩の重さが計られるでありましょう。あわせて、釈尊の教育理念もうなずけることでしょう。

「天日《テンジツ》ニ私《ワタクシ》ナシ　花枝《カシ》自《オノズカ》ラ序《ジヨ》アリ」

平安末期から鎌倉初期にかけて、わが国にひろまった今様《いまよう》（流行歌）を集めて、後白河《ごしらかわ》法皇（一一九二年没）が編纂《へんさん》された『梁塵秘抄《りようじんひしよう》』という歌集があります。その歌詞は七五調四句が多く、白拍子《しらびようし》といわれた遊女が歌い舞いました。歌詞の中には「法文歌《ほうもんのうた》」（仏法を説いた文章を今様にしたもの）が二百二十首あり、その中に法華経法文歌が百十五首もあり

ます。「薬草喩品」からテーマを取った次の一首、

釈迦のみ法《のり》はただ一つ
一味の雨にぞ似たりける
三草二木は品々《しなじな》に
花咲き実成《みな》るぞあわれなる
（釈尊の教えはただ一つ。それは一味の雨のように等しくそそぐが、三草二木、それぞれに異なる花が咲き、実がなるのは尊いものだ）

を口ずさむと、「薬草喩品」に盛られた法華経の思想が、よく理解されましょう。

私は、「三草二木」の比喩をはじめて学んだとき、中学生のころ漢文の時間に習った「天《テン》日《ジッ》ニ私《ワタクシ》ナシ、花枝《カシ》自《オノズカ》ラ序《ジョ》アリ」（太陽は公平に輝くのだが、その陽光を浴びて育つ花の枝には、自ら長短の序列が生じる）を思い出しました。

それは法華経にかぎりません。世間にざらに見られる例です。たとえば、一つの話を聞いても、深く理解する人と、それほど感じない人があるでしょう。これはけっして頭のよし悪《あ》

しの問題ではありません。

釈尊は「薬草喩品」で、

時に、この衆生の諸根《しょこん》の利《り》と鈍《どん》、精進《しょうじん》と懈怠《けだい》を観《かん》じて、その堪《た》うる所に随《したが》って、ために法を説くこと、種々無量にして、皆を歓喜せしめ、快《こころよ》く善利《ぜんり》を得せしむ（『法華経』上・268ページ）。

と、弟子の摩訶迦葉《まかかしょう》に語ります。すなわち「人それぞれの性質は、それぞれ違いがある。賢《かしこ》い者・愚《おろ》かな者、励む者・怠《なま》ける者など、それぞれの性格をよくみて、それに応じた法《おしえ》をあれこれとかぎりなく説いて、みんなを喜ばせ、それぞれに利益を得させた」と。

人に個人差はあっても、その差に応じた所得があるなら、よろこびも平等に得られるわけです。早い話が、同じご馳走《ちそう》でも、大人と子どもでは違いがあります。大人は大人なりに、子どもは子どもなりに満腹したら、双方ともに満足するでしょう。大人も子どもも平等に、同量を食べなければご馳走の意味がないと、仮に決められたら、大人は空腹の不満を、子どもは食べきれない苦痛を訴えるでしょう。いかにすばらしい教えでも、受ける側が不足や苦痛を受けるようでは無意味です。

二級酒には、二級酒だけの味わいがある

歌集『酒ほがい』などの情熱的な歌風で知られ、歌人で劇作家でもあった吉井勇《よしいいさむ》さん（一九六〇年没）が可愛がっていた、ある料亭の酒の燗《かん》をする燗《かん》番の男がありました。好酒家《こうしゅか》の吉井勇さんは、この男の酒のあたためかたが気に入って、酒の燗《かん》づけの秘訣を聞きました（当時、酒の等級は、一級酒と二級酒の二種類しかなかった）。

「だんな、二級酒の燗をするときには、一級酒にない二級酒の持ち味をどうしたら出せるかと、二級酒の味をいとおしんで湯かげんと時間に苦心するんでさあ。だから酒の通《つう》のお客さまに喜んでいただけるのです。もしも、二級酒を一級酒に見せかけようと燗づけを工夫するなら、それはインチキで、かえって二級酒の味を殺してしまい、酒に目の利《き》くお客から嫌われますよ」と答えたそうです。

私は、燗番の歯切れのいい答えっぷりを、吉井勇さんの随筆で読んでから、自分の生き方や人の使い方に大きな示唆を受けました。酒にそれぞれの味があり、花にそれぞれの色香があるように、人にもめいめいの持ち前が与えられているのです。

私は、学生時代に敬虔《けいけん》なキリスト教徒である原田実《みのる》教授から「人間がこの世に生まれてくるのはけっして偶然ではない。神の思召《おぼしめ》しによって生まれるので、その思召しが何であるかを引き出すのが、教育である」と、教育学の講座で教えられました。先の燗番の談話とあわせ読むとき、〝二級酒には、一級酒にはけっしてない味がある〟に、私は人生の味を知るうえでどれだけ力づけられたかしれません。すると、釈尊の言われる、「薬草喩品」の漢訳文の終わりの言葉、

すでに法《おしえ》を聞き已《おわ》りて、もろもろの障礙《しょうげ》を離れ、諸法の中において、力の能《た》えるところに任せて、ようやく道に入ることを得るなり（『法華経』上・268ページ）。

が、しみじみと読めるのです。一級酒とか二級酒とかのランクづけなどの障壁が、まるで問題でなくなります。平等の真実の世界で、自分の身に具《そな》わる神の思召しを、仏の願いを働かせることにより、「道に入ることを得たり」という充実した生き方ができるのです。

「如来は、人間の意欲によって人間を区別する」

「薬草喩品」の漢訳文は、どういうわけか中途で切れて後半がありません。訳者の鳩摩羅《くまら》什《じゅう》が読んだ原本がそうであったのか、いわゆる尻切れとんぼで終わっているのは残念です。さいわい、古代インドの標準文章語の梵語《サンスクリット》の研究が進み、わが国でも漢訳を経《へ》ずに梵語の文章（梵文）を直接、日本文に翻訳ができるので、鳩摩羅什の漢訳文にない尻切れとんぼの部分も、今は自由に読むことができます。

この尻切れとんぼの部分の一節に、耳を澄ませて聞くべき釈尊の深い教えがあります。例によって、やさしい比喩を用いながら詩で唱《とな》えます。

陶工が陶器を作るにあたって、同じ土を用いるにかかわらず、
砂糖や牛乳やヨーグルトや水などの容器となるように、
あるものは汚物の容器となり、あるものは酪《チーズ》の容れ物《いれもの》となるが、
陶工は同じ粘土をとって種々の容器を作るのだ。
いかなる物の容器となるか、容れられる物によって容器（の名）は定められる。
そのように、この世の人間には差別はないのであるが、

如来たちは、かれらの意欲によって人間を区別されるのだ（『法華経』上・295ページ）。

この詩は、釈尊が、舎利弗とならぶ高弟の摩訶迦葉《まかかしょう》（梵名マハーカーシャパ。摩訶＝大）に語った内容を、重ねて詩で唱えたのですが、釈尊は「すべての教えが平等であることをさとるから、カーシャパよ、さとりの境地は開けるのだ」と結びます。

今のインドにも二千以上の多くのランクがありますが、古代インドには「カースト」という封鎖的な身分階級がありました。いかなる血統に生まれたかによって、社会的身分から職業の一切まで区分され、規定づけられていました。異なるカーストの間では、食事することも結婚することも禁じられていました。インド独立後もこの悪習は容易に除けません。カーストがインド民族の近代化をはばんでいます。ただインド独立後、数は少なくても、虐《しいた》げられた階層から指導的地位に進出する人も出ているので、わずかながら曙光《しょこう》が感じられます。

人の価値は、出生ではなく、行為で決まる

釈尊は少年の頃からカーストの存在を悲しみましたから、釈尊の出世の本懐、平等性を説

く言葉にもカーストの痛みが感じられます。そのためもあってか、彼の教団内の弟子たちの序列は、当時のインドのカースト制を無視し、身分や出生や年齢ではなく、入門順によることになっていました。釈尊は「人の価値は出生ではない。何に生まれたかではなく、何を為《な》したかによる」と、口癖のように繰り返し言っています。

釈尊の生存中は、インドのカースト的人間観は是正《ぜせい》されつつあったようですが、釈尊の滅後は、また昔どおりにもどってしまったのは悲しいことです。

こうした社会的現実を踏まえて、前記の詩の「この世の人間には差別はないのであるが、如来《にょらい》たちは、かれらの意欲によって人間を区別されるのだ」の一句を読むと、社会制度としてではなく、人間性の本質に根ざした、釈尊の差別観がなおはっきりします。すなわち、「本来、差別のあるべきはずのない人間が区別されるのは、かれら（本人）の意欲（の有無）による」――何という厳しい人間批判でしょう。

釈尊は、弟子たちに精進《しょうじん》（励み）をすすめ、放逸《ほういつ》を悪《にく》みましたが、釈尊自身も一生の間、このことを旨《むね》としました。放逸は、通常「なまける・怠《おこた》る」の意味に採《と》りますが、私は、さらに悪徳の行為――つまり「時を空《むな》しく過ごすこと」だと考えます。

なまけ・怠るのは、仕事なら仕事をなまけ・怠るのですが、「放逸」は、なまけるのでも怠るのでもなければ、仕事をするのでもない、いわゆるポサッとして、貴重な時をむだに過ごすのです。こんな人間が一人でもいたら、その職場の空気はたちまち腐ってしまい、やがては、その人は誰からも相手にされなくなってしまうでしょう。「人間に区別はなくても、かれら（自分）の意欲によって区別」されていくのです。

仏教思想で、精進をすすめ、放逸を戒めるのは無常観《むじょうかん》からです。すべての現象は、一秒の七十五分の一の刹那《せつな》の間にも移り変わるという真実に基づいているのです。釈尊は、この無常観に立って、自らも励《はげ》み、放逸をつつしみ、それを人にも説きました。釈尊の最後の説法もまた「汝《なんじ》、放逸することなかれ、当《まさ》に精進すべし」（『遺教経《ゆいきょうぎょう》』）でありました。

慶応義塾塾長をされた小泉信三《こいずみしんぞう》先生（一九六六年没）が残された数多くの名言の一つに、「（小泉にあっては）天才とは、生まれつきの才能を持つ人をいうのではない。努力する心を豊かに持つ人のことである」というのがあります。よく世間で「適材適所」と言います。ある仕事なり任務なりにふさわしい才能があると思われる人を、それに適当する地位や任務に就《つ》けることです。それは、たしかに好ましい人事です。

しかし〝適材〟と見られた本人が、「おれは適材適所」だとうぬぼれて努力を怠ったら、たちまちのうちに〝不適材不適所〟の汚名を受けるようになるでしょう。ここにも「この世の人間には差別はないのであるが、かれらの意欲によって、人間は区別されるのだ」という「薬草喩品」の詩句が読みとれます。

法華経のいう意欲を、現代的感覚で消化するなら、〝おれさまでなければ、これはできるものではないぞ〟と、自分なりの「力の能《た》えるところに任せ」て全力投球をするなら、学歴やその他のさまざまな障害も、その人を遮《さえぎ》ることはできない、ということになるでしょう。

いかにすれば、人は心の安らぎを得られるか

鳩摩羅什《くまらじゅう》の漢訳にはない梵文原典の「薬草喩品」の末尾は、次の詩で結ばれます。

われわれをつつむ環境が、幻《まぼろし》と夢とを自己の本性としており、
芭蕉《ばしょう》の茎《くき》のように心髄《しんずい》がなく、また反響《こだま》に等しいことを知る者は、
また、三界が繫縛《けばく》されることもなく、解放されることもなく、
このような自性を持つことを残らず知る者は、平安な境地を見分けうる者である。
一切のものは同じで、本体がなく、本質的に相違のないことを知り、
またこれらのものを望まず、また、そのいずれをもけっして区別して見ない者は、

偉大な理知の持主であって、教えの本体を残らず見て、三種の乗物はけっしてなく、この世には唯《ただ》ひとつの乗物のみがあると知る。一切のものは同じで、すべては等しく、常に平等に等しい。

このように知って、不滅で吉祥《きっしょう》な「さとり」の境地を正しく知るのだ（『法華経』上・299ページ）。

〈私たちは、自分自身をはじめとして、私たちを包む環境や事柄の本質がすべて空《くう》であり無常《むじょう》であり、その存在も因と縁との出会いによって生ずる無我の現象である。

その事実は、ちょうど植物の芭蕉《ばしょう》の茎の中に芯《しん》がないのに似ているし、また山や谷で声や音が反響しあって聞こえてくる山びこ（こだま）に、本体がないようなものだ。

このように知る者は、この世にあって煩悩に束縛されるという感情も起こらない。煩悩の束縛感がなければ、（煩悩から）解放されるとか解放されないという気も生じない。

このように、自性（ものそれ自体の本性）を隈《くま》なく知る者は、心の安らぎを見ることができる。

一切のものは、みなこれと同じで、本体というものがないと同時に、本質的な差のな

いことを知り、

また、すべてに執着心を持たず、また、あれとこれ、これとあれと比《くら》べて見ようとしない者（たとえば、病気のときに、あたら健康時と比べようとしない人）は、偉大な理知（道理と知恵）の持主であって、教えの本体を残らず見て、声聞・縁覚・菩薩の三種の教えの区別があるわけはない。この世には唯一つの教えだけがあるということを知る。

一切のものは同じで、すべては等しく、常に平等に等しい。

このように知って、不滅で、吉祥（心の安穏）の「さとり」の境地を、正しく知ることができるのだ〉

すなわち、声聞・縁覚・菩薩の三乗の思想を、一乗の法に止揚《しよう》して、「平等」の法《おしえ》を示す「三草二木」の比喩に、前章の「長者窮子《ぐうじ》の喩」とは別次元の思想が読みとれます。

芭蕉と仏頂《ぶっちょう》和尚との、息づまる問答

「薬草喩品」の結びの「芭《ば》蕉《しょう》の茎のように心髄がなく」の詩句に、私は、江戸前期の俳人・松尾忠右衛門《まつおちゅうえもん》の俳名・芭蕉《ばしょう》を連想いたします。彼の俳名のいわれについては諸説がありますが、「薬草喩品」の終章の比喩に用いられている植物の芭蕉と関連して考えると、いろいろ興味深いものがあります。

もちろん芭蕉の頃は、私たちがいま読んだ梵文は、まだ日本には知られていなかったのですから、彼は、「芭蕉の茎」の比喩は知らなかったでしょう。しかし、彼が法華経を読んでその影響を受けていたことは、先に記した芭蕉の臨終の情景でも明らかです。

植物の芭蕉《ばしょう》（旧仮名遣《かなづか》いでは「はせを」）は、バショウ科の大形多年草で、中国が原産地だとされます。芭蕉の茎や葉や根を煎《せん》じて利尿剤に用います。私も学生時代に急性腎臓炎を患《わずら》ったとき、とうもろこしの花柱《かちゅう》（唐もろこしの毛）や、芭蕉の茎や葉を煎《せん》じて服用して快癒しました。芭蕉も大形多年草の薬草ですから、「薬草喩品」の比喩に用いられるのもまたふさわしいのです。

次に、俳聖の松尾芭蕉翁の逸話を記しましょう。春雨がようやく止んだある日、彼がその頃住んでいた江戸深川《ふかがわ》の芭蕉庵を、仏頂和尚《ぶっちょうおしょう》が訪問します。芭蕉は、かねてから仏頂に参禅していました。仏頂が座にすわると、和尚に随行していた参禅の先輩の六祖五兵衛《ろくそごへえ》が、このように芭蕉に問います。

「まことに清らかに寂《さ》びた結構なお庭です。この閑《しず》かなお庭の仏法とは、いかなるものでしょうか」と。この問いに、芭蕉は「葉々大底《ようようだいてい》は大《だい》、小底《しょうてい》は小《しょう》」と答えます。大小の木の葉が、それぞれの大きさに応じて春雨を受けております——と。あたかも「薬草喩品」の「三草二木の喩」そのままです。

ついで、今度は仏頂が「今日《こんにち》の事《じ》いかに?」と芭蕉に発問します。いまの芭蕉の答えは一般論だ。そんな議論ではなく「今日の事」は、どうなのだ。すなわち、いま・ここ、そして汝《おんみ》自身の現時点の仏法、人生は何であるか——と、仏頂は切りこんでくるのです。この切っ先を受けて、芭蕉はものしずかな態度で、眼前に見る風光そのままに、答えを返します。「雨過《あめす》ぎて、青苔湿《せいたいうるお》う」と。

ご覧のとおり雨が上がりましたので、苔《こけ》も青々と濡れております——と。苔は苔なりに、木の葉と同じように雨を受けていますと、やはり「三草二木」の景観を踏まえています。

仏頂は、芭蕉の言が終わるか終わらぬかのうちに、「青苔いまだ生ぜず、春雨いまだ到らざるときいかに?」と、さらに一歩詰め寄ります。苔が生える前、春雨の降る前の庭の景色はどうかというのです。問いそのものの意味は、人間が相対的知識を知る前の〝純粋な人間性〟は何か、善悪に分かれる前の知恵とはどんなものであるか、ということです。

静岡県三島《みしま》市の龍沢寺《りゅうたくじ》の中川宋淵《なかがわそうえん》老師に、「たらちねの生まれぬさきの月あかり」という絶唱の俳句があります。自分どころか、自分を産んでくれたたらちね（親）も生まれぬ以前の月光——つまり、相対的認識を生じる前の絶対認識の相《すがた》が、いま自分を、はたまた宇宙を照らすこの月光そのものである、というものです。

すべて、目の前の景観や現象を象徴に用いて、問う者も答える者も、それぞれ自分の思想を語っています。この対話方式も、諸法実相の認識に乗ってなされるのですから、それは当然でありましょう。諸法実相というのは、前記したように、諸法（宇宙間に存在する有形無形のあらゆる事物・現象）に、等しく真理・真実が表わされているという法華経の中心思想です。目の前の景色の表面だけではなく、その中にある真理・真実を語っているのですから、私たちもその心で読まないと、意思は疎通しないでしょう。

「蛙《かわず》とびこむ水の音」にみる諸法実相の体験

さて芭蕉は、仏頂に何と答えたのでしょうか。芭蕉はそのとき、彼の前の池にかえるが飛びこむのを見たままに、また水音を聞いたままに「蛙《かわず》とびこむ水の音」と答えます。この一語で、芭蕉は仏頂の禅のこころと法華経の諸法実相の思想を承《う》けつぐと同時に、彼の句風も大きく飛躍します。芭蕉は、後に「古池や」の五字を「蛙とびこむ」に冠して俳句としての形を整えます。しかし、それは芸術的作品としての価値です。仏教思想の上では、ただ「蛙とびこむ水の音」に諸法実相の体験が感じられます。

出光《いでみつ》興産の初代社長の出光佐三《いでみつさぞう》氏は、博多《はかた》の聖福寺《しょうふくじ》に住した徳川末期の禅僧・仙厓《せんがい》和尚（一八三七年没）に私淑《ししゅく》し、その書画の収集家としても知られています。たまたま出光興産の社長室で、芭蕉の「蛙とびこむ」の句を画題にした仙厓の自画賛の俳画を見せてもらいました。

俳画というのは日本画ですが、俳句味のある洒脱《しゃだつ》なタッチで画《か》かれた作品です。仙厓は高僧であるとともに、奇行の逸話にも富んだお坊さんですから、その俳画はもちろん、賛（画にそえられた詩や歌）にもまた奇抜なのがたくさんあります。「蛙とびこむ」もまた、傑作の一つです。

仙厓の俳画「蛙とびこむ」は三幅対《さんぷくつい》です。第一幅は、一匹のかえるが池に飛びこむ軽妙な画面で、仙厓の賛には、芭蕉の句の「古池や蛙とびこむ水の音」と、原作のまま仙厓の枯れた筆致で書かれてあります。この句についてはすでに記しました。しかし、それが俳句芸術の写生詩だけであるなら、仏頂和尚は、芭蕉に禅の奥義《おうぎ》に達したとの印可《いんか》を与えはしないはずです。それなら、芭蕉が詠《よ》みこむ蛙とは何でしょうか。

この問いに答えるのが、仙厓の俳画の第二幅と第三幅です。まず第二幅の画面には、池に飛びこんだかえるの両脚だけが見え、賛には「古池や芭蕉とびこむ水の音」とあります。

およそ仏法の思想には、文法でいう人称の二人称も三人称もありません。第一人称の「私」があるだけです。すなわち「蛙」でなくて、飛びこんだのは「芭蕉」だというのです。

つまり、第三人称のかえるが第一人称の芭蕉に溶けこみ、芭蕉がかえるに同化し、芭蕉がかえる、かえるが芭蕉という〝特別第一人称〟となったのです。こうした非合理の真実を、仙厓は「古池や芭蕉とびこむ水の音」と、かえるの胴体を水中に隠し、脚だけで、蛙と芭蕉とが一体になった状態を象徴的に描き、賛で説明するのです。

自分と他人との仕切りを取りはずす効用

私はいま、仏法の世界に二人称も三人称もない、あるのはただ一人称だけだと申しました。すると仙厓の第二幅の画賛「古池や芭蕉とびこむ水の音」の芭蕉を、私たちは三人称に見てはならない。つまり、第一人称の私たち自身に引きあてるのが、本当に仏法を知ることになるわけです。ゆえに、読者のお一人お一人とともに、「芭蕉とびこむ」の芭蕉を「自分・私」と読み変えてこそ「諸法実相」の教えに触れることができるのです。

すなわち、「芭蕉とびこむ水の音」は、「私がとびこむ水の音」です。このことを人生論に展開すると、我《われ》と他人、あれこれとを差別する「我他彼此見《がたひしのけん》」が取り除かれ、各人称の仕切りも外《はず》されて平等になります。ちょうど住居《すまい》の小座敷のふすまが外されると、大広間になるようなものです。自由であり平等であり、広やかな愛情がみなぎります。

また、一人称、二人称などの人称の仕切りがなくなると、我と他との間の交流が自由にできて、私と彼は別次元ではない。彼が私で、芭蕉がかえるで、かえるが芭蕉という不合理な発想が生まれます。こうした発想は、合理的なものの考え方に終始する現代人には異様に思えるかもしれませんが、東洋的な思索では、それが可能です。とくに人間関係をスムーズにするためには欠かせない考え方なのです。〝相手の身になってみる〟なども、この発想の応用の一つですが、さらに深く考えてみましょう。

たとえば、私たちが自分の子どもの言動の中に、親自身の言動そのままを見せられ、聞かされて、思わずドキッとすることがありましょう。そして、子どもの言動ではあるが、実は自分（私）の言動だと、子どものなかに自分自身の姿を感受するのが、その一例です。

つまり、我他彼此《がたひし》を絶した認識です。我他彼此の区別を越え、しかも我他彼此を内包する最小公倍数的心情に宿るのが、平等の慈悲心でありましょう。

道元《どうげん》は、自己に対する一切の存在を「他己《たこ》」と呼びます。自己以外の他の事物・現象を〝他という名の自己〟と認識すると、客観の世界は、オール一人称ということになります。

今でも、心ある人は他者を責める前に「自分が悪いのだ」と反省します。これは、他者の過《あやま》ちは自分の過失だとうなずくもので、自他の区別をしない愛の英知のしからしむるところでしょう。

茶道の教えの一つに「亭主の粗相《そそう》は客の粗相、客の粗相は亭主の粗相」とあるのも、同じ考え方に基づくものでしょう。

「子ども叱《しか》るな、来た路《みち》じゃもの」

私は、折にふれ、縁にふれて、多くの人に〝自分が出会う人たちを、最初からアカの他人と考えないでおきましょう。その人が自分より若かったら、その人の言動に、よかれ悪《あ》しかれ自分の昔の言動を見つめましょう。またその人が私より年長者だったら、そのお方の振舞いに自分の未来のすがたを、よくも悪しくも学びましょう。すると、若い者への叱り方も、老人への思いやりも気軽にできます……〟と、得意になってすすめておりました。ところが、その後、私の得意の鼻はみごとにへし折られてしまったのです。

それは、豊橋市《とよはし》のある婦人会での講演がすんで、座談会に入ったときのことです。四〇歳あまりの主婦らしき女性が、私にこう話されたのです。

「私の嫁《とつ》ぎ先の母が、私に『若いお方も、お年寄《としよ》りのお方も、みな私です』とおっしゃって、『子ども叱《しか》るな、来た路《みち》じゃもの、年寄り笑うな、行く路じゃもの』と教えてくださいました。これは、あなたのお話と違うのでしょうか?」と。

いや恐れ入りました。私が妙に気負って言うことを、質問者の姑《しゅうとめ》さんが、こんなに平易な表現で、私の言う以上の真実を教えておられたのです。ありがたいことです。

仙厓《せんがい》画賛の第三幅にみる真実の表現

さて、仙厓の画は三幅対《さんぷくつい》ですから、残りの一幅の作品を拝見しましょう。この画面には、かえるもいませんし、第二幅で見たかえるの脚も見えません。そこには、淡墨《うすずみ》で画《か》かれた水面のうず巻きと、水しぶきが画面の上部まで飛んでいるだけです。そして仙厓の賛は、ただ

さらさらと、「古池や何やらとびこむ水の音」とあるだけではありませんか。

かえるの話もすみました。そして私は、やれかえるだ、やれ芭蕉だ、やれ一人称だ、やれ

三人称だと区別したり、区別を越えたりしましたが、区別に執《と》われるのも、また区別しないことに引っかかるのも、ともにむだなこと。見えるものはすなおに眺め、さらっと受け止め、さらっと流してゆかなければならない、と仙厓は無執着の真実さがわかるようにと、ただ「古池や何やらとびこむ水の音」と、画面いっぱいに水しぶきを飛ばすのです。

要は〝どぶーん〟という無義語《むぎご》（意味のない言葉・無意語）でしか表現できない真理の存在を、第三の画面が示しています。言葉で表現しようとすればするほど、かえって真実から遠のく場合があります。そんなときほど、無義語が本当のことを語ってくれます。たとえば「キャッ」という意味のない一声に、百万言を費《ついや》しても表現できない恐れと驚きの心情が吹き出ているでしょう。

心を込めた〝ありがとう〟は、さとりの言葉

法華経に「陀羅尼品《だらにほん》」という一章（第二十六品）があります。陀羅尼《だらに》は梵語のダーラニの音写です。ダーラニには、秘密の言葉の意味があるとして、同じく秘密の言葉の意味を持つ中国語の「呪《じゅ》」を当て、法華経では「陀羅尼呪《だらにじゅ》」と、原語の梵語と中国語の訳語とならべて標示します。

また「呪《じゅ》」と訳される梵語にマントラがあります。マントラは呪のほかに「真言《しんごん》」と漢訳され、密教《みっきょう》では、真言を陀羅尼として扱っています。真言とは、真実の言葉です。ここでいう真実は、道徳用語の「うそや飾りのない本当のこと」の意味ではなく、仏教思想の「さとり」の意味として用います。

つまり、真言とは「さとりのことば」ということであり、絶対の真理そのものから発せられる言葉です。よって人間的な感覚でいう言語と区別するために、私は「さとりのことば」と仮名書きにいたします。

さとりのことばであるから、相対的・合理的角度では意味も分からず、ときには解釈もできない場合があるのは止むをえません。この意味で、真言や陀羅尼は、無義語の内容を持ちます。

しかし、私たちの言葉は意思を疎通するための言葉ですから、無義語であってはなりません。たとえば、〝ありがとう〟という感謝の言葉があります。〝ありがとう〟は、無義語ではないから意味も十分に解説できます。しかし、逆に、ありがとうの意味を解する隙《ひま》のあるかぎり、赤誠《せきせい》のかぎりを尽くした感謝の言葉とは言えないのではないでしょうか。

「ありがとう」という有義語《ゆうぎご》（意味のある言葉）に、全身を投げこんで、ありがとうの言葉と一体になって〝ありがとう〟と口をついて出た場合、そのときにはじめて、自他が一つになった絶対の一言になるでしょう。このときの一言は、有義語でなく無義語です。人間の言葉であって、しかも相対を超《こ》えたさとりのことばになったのです。だから、この〝ありがとう〟は真言であり、陀羅尼に他《ほか》なりません。私は、人間の吐く有義語の言葉が、そのまま、さとりの真実の無義語となるのが、仏教の理想であると信ずるのです。言い換えると、本来、解説できる言葉が、解説を必要としない、つまり解説を超《こ》えた無義語の真言（ことば）となる世界――これが法華経の世界だと思うのです。

どなたの言葉でしたか、「言葉が通じないのが、畜生や地獄の世界。言葉を必要とするのが人間の社会。言葉が不要なのが極楽浄土」というのを聞いた覚えがありますが、なかなか趣《おもむ》きのある発言ではないでしょうか。

「南無妙法蓮華経」の唱題に込められた真実とは

法華経の説く諸法実相の思想によれば、宇宙に存在するすべてのものが、そのままさとりの当体を示している、すなわち「妙法」です。したがって、山に鳴く鳥の声も、野に咲く花も、みなさとりのことば――真言でないものはありません。ゆえに日蓮聖人は、

「釈尊の因行《いんぎょう》（成仏の原因となる修行）、果徳《かとく》（成仏してからの慈悲や救世の徳《はたらき》）の二法（二つの事実）は、妙法蓮華経の五字に具足《ぐそく》す（欠けることなく具備している）。我等この五字（妙法蓮華経）を受持《じゅじ》（信仰体験）すれば、自然《じねん》に彼《か》の因果《いんが》の功徳《くどく》（釈尊が積んだ因行と果徳のすべて）を譲《ゆず》り与えたまふ」（『観心本尊抄《かんじんほんぞんしょう》』）

と説き示します。すなわち釈尊の久遠《くおん》の修行も救世の徳も、みな「妙法蓮華経」の五字、南無妙法蓮華経の七字に具足しています。ゆえにわれわれ凡夫も「南無妙法蓮華経」と法華経の経題《きょうだい》を唱《とな》えるなら、自然に仏のさとりの知恵と世を救う慈悲の徳とが、譲り与えられると教えます。

もちろん、妙法蓮華経の五字も南無妙法蓮華経の七字も、文字の意味は容易に解説することができます。これは、本書の37ページで詳しく記したとおりです。しかし解説したり、それを聞いたり読んだりしているだけでは、相対的な法華経の知識を求めあさっているにすぎません。法華経の五字・七字に自分を打ちこんで「南無妙法蓮華経」と唱題して、はじめて法華経の真髄が私たちの心身に伝承されるのです。

かくて、有義語の『法華経』の経題が無義語の唱題となるのです。すなわち〝真言〟となるのです。唱題そのままが無義語の真言となって、はじめて久遠《くおん》の釈尊のいのちが、凡夫の私たちの上に与えられた、というべきでありましょう。

また、法華経第十九章「法師功徳品《ほっしくどくほん》」では、

（法華経）を受持《じゅじ》・読誦《どくじゅ》・解説《げせつ》・書写する人は、眼《げん》・耳《に》・鼻《び》・舌《ぜっ》・身《しん》・意《い》の六つの感覚器官（六官・六根）に、とくに勝《すぐ》れた働きが与えられるようになる。

とあります。六官六根《ろっかんろっこん》の機能が、自分の認識の世界に別天地を開発すると、すばらしい芸術や宗教的英知の世界が創造できる事実を、芭蕉の逸話や仙厓の画賛で理解できましょう。

要は、諸法（もろもろの現象）を実相（真実のすがた）と見えるように、私たちのこころの眼が開かれると、この世に存在する差別の実体が、そのまま平等の価値を具足しているのだという事実に、はっきりと気づくことができます。そして〝三草二木〟の比喩が、たんなる比喩ではなく、真実そのもののすがたであるのに気づくでありましょう。

6章

〈法華経・化城喩品《けじょうゆほん》〉

絶えまなき向上心のすすめ――「化城《けじょう》の喩《たとえ》」

――小成に甘んずることなく、より大きな目標に達するために

疲れきった隊商の前に、突如《とつじょ》現われた〝幻の城〟

「三草二木の喩《たとえ》」につづく「化城《けじょう》の喩《たとえ》」は、衆生の功利的な信仰を、永遠の真理を求める大きな信心に導こう――との釈尊の願いを示すもので、釈尊自身がキャラバンの隊長として、金儲けを目論《もくろ》むたくさんの隊員を連れて、旅に出るところから始まります。

キャラバンは、砂漠地方などを、らくだに荷を積み、隊を組んでゆく商人の一隊（隊商）です。幾日も幾日も悪路をすすむ困難な旅がつづくので、隊員は疲れはてて、隊長に「もう帰国しよう」と迫ります。しかし隊長は巧みになだめすかして、ついに所期の目的を果たすという話です。とくに隊長が神通力で〝幻の城〟を出現させて、隊員に新しい意欲を盛り上がらせるところがクライマックスで、現代人にもいろいろの示唆を与えます。

たとえば、多くの人たちが、記憶力も強く、知恵もあるよき指導者《リーダー》に連れられて、隊商を組んで遠い遠い国へ、珍らしい宝を求めて出かけたとしよう。しかし途中の路はけわしく、水も草も木かげもない、毒獣もいるという恐ろしいコースである。出発してから数日もたつと、隊員の多くは、疲れと不安でくたくたになって、口々に愚痴を言う。「リーダーよ、もうこんな苦しい旅行はいやだ。早く国へ帰ろう」と。リーダーは、彼らをあわれんで言う。「どうして、そんなつまらない考えを起こすのだ。ここで引き返したら、目の前にあるすばらしい宝を、自分からみすみす捨てるようなものじゃないか」と。そこでリーダーは、方便の神通力で、美しい立派な〝幻の城〟を行手につくって言う。

「さあ、みなさん、少しも怖がることはない。あのお城の中に入って、自分のしたいようにしなさい」と。

人々は喜んで城内に入って休息を取り、元気を取り戻す。なかには、ここが目的地だと思いこむ者もいる。リーダーはその様子を見て、一同に、

「みなさん、さあ腰を上げて進もう。この城は仮の〝幻の城〟にすぎないのだ。私は、あなた方が疲れきって故郷に帰りたがるのを見て、方便でこの城を仮に造ったまでのことだ。本当の宝のある所は、もうすぐそこだ。宝のある所は近いのだ。全員みな元気を出して宝のある場所へ、さあ前進しよう」と告げた（『法華経』中・72、74ページより抄意）。

この「化城の喩」は法華経第七章「化《け》城《じょう》喩《ゆ》品《ほん》」に引かれています。法華経の、ここまで

の展開で、舎利弗《しゃりほつ》や大迦葉《だいかしょう》、須菩提《しゅぼだい》などの高弟は、すでに釈尊の説かれる「一乗の教え」を理解するようになっています。しかし、それ以外の人たちは、まだよく理解していません。そうした人たちのために、この喩《たとえ》が語られます。その目指《めざ》すところは、人間完成への道、すなわち仏道を歩むのに、行先は長いし、ときにはけわしい路にも出会わなければならない。目的を達するため、よき教えを聞いて、よく困難に耐えるように——というものです。

そして、「宝のある所は近いのだ」と語る〝その宝〟——すなわち真理とは何であるかを、釈尊が縷々《るる》説かれるのが「化城喩品《けじょうゆほん》」です。

すなわち、釈尊は、これまでは小乗の人たちを導くために、仮に小乗の教えを説いてきた。しかしそれは、法華経の深い真理に行きつくための、途中の一つの休息所（幻の城）に似た仮の安らぎにすぎないのであって、真理はさらに遠いことを、弟子たちに知らせ励まそうとするのです。

古代インド人が考えた「永遠」の表現法

この章は、まず真理の永遠性を説くにあたり、冒頭の部分の「永遠」を示す表現が、実にすばらしい。日本のお伽話《とぎばなし》なら「昔々大昔」で始まります。中国では「遼遠《りようえん》の（はるかに遠い）昔」、西洋では“Once upon a time”でしょう。ところで、古代インドの思想を伝えるこの「化城喩品」では、次のように書き出されるのです。

昔々、僧たちよ、数えることも、考えることも、推測することもできないほどに遠い劫《こう》の昔に、いや、それよりもはるか以前に、大通智勝如来《だいつうちしようによらい》という、完全に「さとり」に到達した阿羅漢《あらかん》（尊敬を受けるに価する人の意）の如来《によらい》が、この世に現われた……

（『法華経』中・11ページ）。

「遠い劫《こう》」の劫は梵語カルパの音写で、きわめて長い時間の単位を示し、「長時」と簡単に漢訳されます。ところが、この単位たるや大変な想定で、経典によりその説明が異なりますが、比較的わかりやすく興味ある記述が『大毘婆沙論《だいびばしやろん》』や『大智度論《だいちどろん》』になされているので、その解説を紹介いたしましょう。

「四十里（百六十キロ）立方の大きな石山を、長寿の人が百年に一度ずつ、細くてやわらかい布で拭《ふ》く。そして、ついに石山が磨滅し尽くしても、なお劫は尽きない（磐石《ばんじやく》劫《こう》という）。四十里四方の大きな城に芥子《けし》の実をいっぱいに満たし、その一粒を長寿の人が百年に一度、この城に取りにくる。そしてついに芥子の実を取り尽くしても、劫は尽きない（芥子劫《けしこう》という）」

以上の磐石劫《ばんじやくこう》や、芥子劫《けしこう》の例でもわかるように、永遠・無限の時間を「劫《こう》」という一つの単位として考えていたのが、古代インドの数の思想のように思えます。ドイツの仏教学者のヘルマン・ベッグは、何を基準にしたかは不明ですが、一劫を人間界の四十三億二千万年と算定しています。日本人なら「永遠・永久・無限」などと簡単に言い表わしますが、古代インド人は、そうした抽象的表現では不満で、どこまでも数字で具体的に表わさないと承知できないのです。私たちは、法華経を学ぶうえにも、こうした点に理解を持つ必要がありま す。法華経を訳した鳩摩羅什《くまらじゆう》は、後に明らかにするように、「永遠」を「久遠《くおん》」と訳しましたが、そこに一つの思想が込められているように思われます。

私の恩師の一人、早稲田大学で古代史を講じられた西村真次《にしむらしんじ》教授が、有史以前のはるかなる昔を「遠古《おんこ》」と言われました。遠古は西村教授の新造語で、教室でも得意になって講義に使用されたものですが、たまたまラジオの講座で「遠古」を連発されました。西村教授は翌日の講義で、私たち学生に、「僕がラジオで『遠古、遠古』というのが、〝ウンコ、ウンコ〟と聞こえたと家内が言うんだ。せっかくの講義もクソ講義になった！」と苦笑され、私たち学生も爆笑しました。それこそ、現代人にとっては劫にも似た半世紀前の遠古《おんこ》を、私は楽しく思い浮かべます。

囲碁のゲームにみる仏教思想の表われ

私は数字に弱いので、古代インドの宇宙論的時間の説明にウンザリしますが、「劫《こう》」について、私たちは大切なことを、もう一つ学ばなければなりません。

私は、碁を打つ趣味を持ちませんので、囲碁のルールはよく知りません。ただ「劫」が、囲碁のゲームにあるのに心を惹《ひ》かれます。囲碁では、白・黒、敵味方が、一目《もく》を双方でかわるがわる、交互に取ったり取り返したりすることのできる局面があります。このとき、取られたら次の手ですぐに取り戻すことは許されません。〝劫《こう》だて〟といって、必ず他へ一手打って、相手がそれに応じてはじめて一目を取り返すことができるというルールがあり、これを「劫争《こうあらそ》い」といいます。

こればかりでなく、囲碁のゲームは仏教思想を踏まえている、といわれます。たとえば碁盤の盤面には、十九本の線が刻《きざ》まれていますが、それによって十八の空間が存在します。そして、この十八は、人間存在の十八の構成要素（六根・六境・六識）の「十八界」、あるいは「十八種の妄執《もうしゅう》（成仏を妨げる執念や執着）」を示すといいます。白・黒の碁石は、人間の善業・悪業が交互に行為される事実の象徴です。それらを総合すると「劫争い」の意味が一段とはっきりいたします。取りつ取られつ、果てしなき争いが劫争いでしょう。

ただ、そこに一手の休止符が設けられてあるのが救いで、いかにも仏教思想的遊戯だといわれるのも、なるほどと思います。

また仏教教理のうえで、世界の成りはじめを「劫初《こうしょ》」と名づけています。劫初というと、歌人の与謝野晶子《よさのあきこ》の「劫初《こうしょ》より　つくりいとなむ殿堂《でんどう》に　われも黄金《くがね》の釘《くぎ》一つ打つ」の流麗な一首を思い出される人もありましょう。

先に、劫は「長時」と漢訳されていると申しましたが、さらに「分別時《ふんべつじ》」との意訳もあります。この場合の分別は〈概念をもって表示しえないものを表示すること・思惟《しい》のこと〉です。したがって「分別時」は「思惟の対象となる時間であり、（時間の）概念をもってしては表わし得ない時間」ということになります。現代的に劫を表現すると〝無限の象徴的時間〟となりましょう。このように劫の思想では、「劫は尽きない」と、磐石劫や芥子劫の例でも明らかなように、劫の無尽性を強調します。「分別時」がたんなる「永遠」とは語感を異にすることが、おわかりいただけることでしょう。

「仏陀《ぶつだ》」――真実を悟った人

玄奘《げんじょう》は「分別時」を「乃往《むかし》、過去の無量・無辺・不可思議の阿僧祇劫《あそうぎこう》」と翻訳し、展開します。そのように、きわめて長い年数の大昔に大通智勝《だいつうちしょう》如来という仏がこの世に現われたが、この仏が入滅（亡くなること）されてから現在まで、どのくらい経過したであろうか、その間にどれだけ長い年月が経っているかを、釈尊はここでも比喩で説明します。しかし、その前に、当面必要な「仏陀《ぶつだ》・仏《ほとけ》・如来《にょらい》」の呼称についての理解を深めておきましょう。

「仏陀《ぶつだ》」は梵語ブッダハの音写。迷いの眠りから真実に目覚め、絶対の真理（因縁）をさとった人・人間の完成者などの意味を持ちます。漢訳では「覚者《かくしゃ》」（さとれる人）といいます。仏教でいう真理は「真実の道理」で、「ものごとの本当のすじみち」のことです。したがって、世間でいう英語・truth の訳語の「真実」とは語感を異にします。ここでいう「真実の道理」とは、仏教思想の「因縁の道理」（因果律・因縁法）のことです。

真実は「ありのままのすがた」ですから、「実体」を指すこともあります。また、ありのままのすがたであるから、当然、嘘偽《うそいつわ》りはありえようがありません。般若心経に「真実不虚《しんじつふこ》」（真実にして虚《こ》ならず）と展開されるゆえんです。

このように真実に目覚め、真理をさとった人が仏陀（覚者）です。もともとは釈尊個人を賛《たた》える尊称ですが、大乗仏教の思想では、誰もが仏陀になれる可能性（仏性）を持っているとの認識から、上記のように、普通名詞的に覚者一般を指して言うようになりました。

しかし、歴史的に実在した仏陀（如来）は釈尊一人だけで、他の如来・仏はいずれもフィクション的存在です。しかし、たんなる架空の存在ではなく、釈尊のさとりの内容を象徴し、人格化して創造した影像です。目に見える絵すがたや彫像に神秘力があるとして、影像そのものを尊び信ずる偶像崇拝ではありません。

もちろん、大乗仏教の場合でも歴史的実在の釈尊を聖者として人格崇拝いたします。しかし、それ以上に釈尊がさとった法（真理・真実）をより深く信奉します。法を信ずる、すなわち「法信心」が大乗仏教の特徴で、この思想を確立しているのが法華経第十六品（章）の「如来寿量品《にょらいじゅりょうほん》」です（本書・9章）。

このように、大乗仏教を代表する法華経の思想は、歴史的に実在された釈尊の人格よりも、釈尊がさとった法をより重んじて信ずる法信心（帰依《きえ》法とも）であることを、心によく留《とど》めておきましょう。

仏像を拝むことと、偶像崇拝はまったく違う

「法」はまた、「仏」の代名詞として用います。釈尊のさとった法（真理）は、すがたも形もないから、私たちの目には見えません。誰の目にも見えない、釈尊の肉眼にも見えなくとも、釈尊をさとらせたすばらしい法は、釈尊をさとらせただけでなく、誰をも等しくさとらせる可能性を持ちます。たとえば親鸞《しんらん》は、この事実を『正像末和讃《しょうぞうまつわさん》』の末尾や『末燈鈔《まつとうしょう》』で、

「ちかい（誓）のようは、無上仏《むじょうぶつ》（この上なき仏のさとり）にならしめんとちかひたまへるなり。無上仏とまふ（申）すは、かたちもなくまします、かたちもなくましまさぬゆへ（故）に自然《じねん》とはまふすなり」

と申します。「誓のようは」は、親鸞にあっては、阿弥陀仏《あみだぶつ》の誓われた本願（すべてを救

わずにはおかない）のありさまをいいますが、現代感覚なら、さしずめ宇宙の意志といったところでしょう。すべての存在を救わずにはおかない大いなる意志は〝かたちもなくましまず〟――つまり、すがたかたちがないから「自然《じねん》」と申すのだ、と親鸞は説きます。「自然」は、世間的通念の〝人の手を加えないありのままの状態〟の意味ではありません。おのずから具《そな》わっている本性、物ごとの本性で、仏教用語で「自然印《じねんいん》」（印は標章の意）といいます。法華経でいう「実相印《じっそういん》」です。そして、自然・実相と名は変わりましても、つまるところ「法」に他《ほか》なりません。

法を中心に、法を「信」の対象とするのが大乗仏教の思想で、法華経もその名が示すように、法（仏法）の信心を離れて法華経はありません。

私たちは、目に見える仏像を、すがたかたちのない、目に見えない法の象徴として礼拝するのです。ゆえに、偶像崇拝とまったく異なります。早い話が、私たちは自分の姿を見たいために鏡を見ます。鏡を見る――というものの、私たちは鏡そのものを見るのではなく、自分を映し見るのが目的です。自分で自分が見えないから、鏡をなかだち（縁という）として自分を見るのです。

鏡を見ると、自分の顔が鏡に映って見えます。映って見えるのは自分の顔の表情だけではありません。人相というように、自分では見えない自分の心のたたずまいも、鏡に映し出されるのです。つまり、鏡を見る動作は、本当の意味で自分に出会うことであり、自分自身を知ることです。さらに鏡を見るとは、鏡に見られているのだと、鏡の見方を深めることもできるでしょう。

ついでに申します。鏡に映るのは間違いなく自分の容姿です。自分の容姿を「自分である」と確認するもう一人の自分とはどのようなものであるか、また、その「もう一人の自分」はどこにいるのかを学ぶのが、実は、仏道を学ぶことに他ならないのです。

〝鏡〟を見ることで、もう一人の自分にめぐりあう

人類の文化のはじまりは、火と鏡の用い方と効用を知ったところにあるそうですが、きわめて興味を覚えます。日本の神話の中には、火に関する挿話はあまりありませんが、鏡については水瓶《みずがめ》の蓋《ふた》を取ったとき水面に浮かぶ女の顔を見て、夫に隠し妻があると嫉妬した妻の話や、あわてて鏡の裏面を見て、自分の顔がないと泣いた男のことなど、悲喜こもごもの昔話が残っています。

天照大神《あまてらすおおみかみ》が、お孫さまのニニギノミコトに鏡を与えて「鏡を見ること、われを見るが如《ごと》

くせよ」と語られたという日本建国の神話に、別の意味で、私は大きな示唆を覚えます。大神の言われる「われ」は、大神自身です。「鏡に映るあなたの顔を見たら、祖母の大神に会うと思え」との言葉から、私は、鏡を大切にせよとの意味と、祖母や親に会いたくなったら鏡をご覧、との愛情を感じます。鏡を見るのは、祖先からの精神的系譜の上に自分を見つめることでもあるのです。

私は、さらに大神の言われる「われ」を、大神でなくニニギノミコト自身に置きかえて読みます。すると「鏡を見ること、自分を見る（自分に会う）が如くせよ」となります。鏡は、たんなる家具ではない。映る映像は偶像ではないでしょう。鏡は自分を知り、自分を修整するだけでなく、自分の中の、もう一人の自分のはたらきを教えてくれるではありませんか。よって鏡を見ることは、自分の容姿を正すとともに、もう一人の自分にめぐりあう大切な縁《チャンス》になるのです。

仏像（画）には、釈尊のさとりの内容が、印象的に象徴されています。そして、その容姿よりも、そのポーズや、手の持ちもの（印契《いんけい》）に教えが込められているのです（拙著『観音経入門』祥伝社新書）。

また、釈尊と同じく、私たちも仏になれる可能性（仏性）を持っているのですから、釈尊のさとりの象徴の仏像（画）を礼拝するのは、仏性という、自分の中のもう一人の自分を対象として拝むのです。いわば、自分が、自分の中に内在するもう一人の自分を拝んで、自分を完成するための実践が、信心とも修行とも呼ばれるのです。

換言すると、鏡を見るのが自分に出会う営みであるように、仏像を拝むのも、もう一人の真実にめぐりあう実践です。明治期の仏教学者、江部鴨村《えべおうそん》氏（一九六九年没）の、

「わが胸の奥にましますみほとけを　朝な夕なにおろがみまつる」

の一首に、この事実がよく詠じられています。

おもえば、鏡台に向かって化粧を終え、自分を完成したと喜ぶのも〝化城〟です。本当の自分をもっと美しくしようと思い立つのは、真実を求めて、小さな現実の喜びから立ちあがることです。

仏像に頼んで自分の願いごとが適《かな》ったと満足するのは、ドライブインでタバコをくゆらしているのにすぎません。真実の自分を探しに、早く腰をあげなければなりません。

仏法は、釈尊の生まれる前から存在した

さて、「化城喩品」に話を戻しましょう。法（真理）は、先に記したように、普遍・久遠《くおん》

に存在します。法が無限の過去（劫《こう》）から存在する事実を知らせようと、釈尊はフィクションの「大通智勝如来《だいつうちしょうにょらい》（仏）」を紹介されます。すなわち「大通智勝仏は、どの仏よりも先に（もちろん釈尊も含めて）、この世にはじめて出現された最初の如来」である、と。釈尊はこの一言で、真理は劫初《こうしょ》からあったので、自分がはじめてさとったのではない、と説かれるのです。

また法華経の「序品《じょほん》」でも、フィクションの日月燈明如来《にちがつとうみょうにょらい》によって、この事実が象徴されます。すなわち、

「次にまた仏あり、亦《また》、日月燈明と名づく。次にまた仏あり、亦、日月燈明と名づく。かくの如《ごと》くして、二万の仏は、皆同じくの一字《いちあざな》にして、日月燈明と号《なづ》く（『法華経』上・40、42ページ）

二万の同名の日月燈明仏が、はるかなる過去に法華経を説いたとあるのは、『法華経』という文字で書いたお経ではありません。真理は昔の昔の大昔から、いつ、どこにもあったという普遍的な事実を教えるのです。「日月燈明」という漢訳名には〝天にあっては日と月の

ように、地にあっては燈《ともしび》のように、すべてを照らす真理〟という意味が込められています。

「序品《じょほん》」では、最後の日月燈明如来が妙光《みょうこう》菩薩に法華経を授《さず》けますが、その後身が「釈尊」であると構想されているのです。つまり、法華経の説く真理が、宇宙とともに久遠の昔から存在した事実を語ろうとするには、どうしてもドラマティックな手法を用いなければならないのです。

法華経「序品」の日月燈明如来も、「化城喩品」の大通智勝仏も、ともに最古の仏と想定されますが、どちらがより古い仏であるのか、またその関係もわかりません。おそらく両品の作者が異なるからでありましょう。

そうした詮索《せんさく》よりも、私たちは「真理真実は久遠から存在する」という事実を確認すること、そして、仏法という法は「釈尊が創作されたのでもなければ、釈尊が開祖でもない」こと、「釈尊は、この法をさとった一人である」こと、そして「私たちもまた、この法をさとる可能性を持っている」という事実を確認すればいいのです。

さて、大通智勝仏の寿命の長さも、例によって気が遠くなるほどの古代インドの数字で表わされますが、煩瑣《はんさ》ですから省《はぶ》きます。ただ、この話に私が心を惹《ひ》かれるのは、この如来が菩提樹《ぼだいじゅ》（道場）のもとで、これまた想像を絶する長い長い年月の間、結跏趺坐《けっかふざ》（正しい坐禅の仕方）をしますが、それでもなお、法をさとれなかったという悲劇的な記述です。
仏は諸《もろもろ》の比丘《びく》に告げたもう。「大通智勝仏の寿《じゆ》は五百四十万億那由他劫《なゆたこう》なり。その仏は、もと道場に坐して魔軍を破りおわり、阿耨多羅三藐三菩提《あのくたらさんみやくさんぼだい》を得たまわんとするに、しかも諸仏の法は、なお在前《あらわれ》ざりしなり（『法華経』中・14、16ページ）。

大通智勝仏は、道場に坐して魔軍（心中に湧き起こる煩悩《ぼんのう》のこと）を粉砕したので、完全なさとり（阿耨多羅三藐三菩提）に達することができるだろうと考えたが、しかしそのときは、ついにさとりを得られなかった——というのです。魔軍、つまり煩悩を打破したにもかかわらず、なお法をさとることができなかった——という一見悲しい事実に注目しましょう。ここに「煩悩を壊滅したからといって、諸仏が現われるとはかぎらない」という、ひじょうに大きな問題が提起されているのです。

〝無眼子《むがんす》〟だった大通智勝如来への励まし

どれほど修行に骨を折り、坐禅をつづけても、その甲斐《かい》もなく心の眼の開けないのを〝無《む》眼子《がんす》〟（子は添え字で人の意味）といいます。私も無眼子です。心の眼がないのではなく、あっても開かないのを嘆く修行者のうめきが、古来数多く伝えられています。煩悩がなくなったと満足するのも〝化城〟のやすらぎにすぎません。煩悩を滅した勝利者の悲しみが、やがては化城を後に、真実へ向かって出発しようとの励みにならなければならないでしょう。

私も、修行中に先輩から激しく〝無眼子〟と罵《ののし》られ、夜坐《やざ》（夜間、堂外の山野で坐禅すること）で泣きました。声を洩《も》らさぬようにしていても周囲が静かですから、見回りに来た先輩の雲水《うんすい》から、「みっともない、泣くな。もっと骨を折れ」と厳しい口調で言われました。後輩を思ってくれる愛情が感じられて今も忘れられません。この先輩も、多くの修行者を指導する「化城喩品」のリーダーのように私を叱り、励ましてくれました。

無眼子であった大通智勝如来を励ますのが、また例によってスケールが大きいのです。梵文からの和訳に、

　神・竜・アスラ（ヒンズー教の神）・鬼霊らは、かの仏（大通智勝仏）に供養することに熱中し、人間の指導者である仏が「さとり」に達した場所に花の雨を降らせた。かの仏を崇《あが》め、供養のために、空高く、かれらは太鼓を打ち鳴らした。だが、そのとき、

かの仏がこの上ない境界《きょうがい》に達するのに長く時間がかかるのを悩んだ。十小劫を経て、かの世尊《せそん》（大通智勝仏）は、他に並ぶもののない「さとり」に到達した。そのとき神々も、人々も、竜族の者やアスラたちも、すべてひじょうに悦《よろこ》んだ（『法華経』中・79ページ）。

私がはじめて法華経のこの部分を読んだとき、「そんなバカなことが！」と、経文を文字どおり斜めに読んで意に介しませんでした。次に読んだときは漢訳でしたが、その美しい訳文だけが心に残った程度です。しかし何度も読み返すうちに、私が修行した岐阜の瑞龍寺《ずいりようじ》のいつも夜坐《やざ》をした裏山で、先輩にどなられ励まされ、月や星を涙に濡れた目で仰《あお》いだときを思い出しました。

そういえば、あのときの夜空の星も月も私をじっと見つめていてくれたし、私を包む暗夜の木立ちも、しんと寂《しず》まりかえって私を守っていてくれたのだ――その事実が浮かんでくると、無眼子を嘆く大通智勝仏を励ます「化城喩品」の記述が、うなずけるようになりました。

そして、鳩摩羅什《くまらじゆう》の名訳「香風《こうふう》は萎華《しぼめるはな》を吹いて、さらに新しく好《うる》わしきものを降らせたり」(『法華経』中・78ページ)に、私も、春の日の夜坐をひとしお懐かしく思い出すと同時に、そのときの先達《せんだつ》の雲水が、すでに故人であるのを悲しむのです。自分が努力すれば、周囲が温かく励ましてくれるという実感を持つ人は、どの道にあってもこの記述に共鳴を感じるでありましょう。

私たちが一生懸命に努力するなら、周囲の人だけではなく、私たちを取り囲む自然のたたずまいすべてが、私たちを励ましてくれている事実を体験することができます。

仏教思想の根幹、「四諦《したい》・八正道《はっしょうどう》・十二因縁《じゅうにいんねん》」

かくて大通智勝仏は、ようやくさとりを開かれ、以後、法華経を説法しつづけますが、この如来が出家する前に得た十六人の子どもたちが、父の如来に「法を説きたまえ」とせがんで仏となるべき縁を結びます。いわゆる〝大通結縁《だいつうけちえん》の者〟十六人で、その中に阿閦仏《あしゅくぶつ》や阿弥陀仏(如来)や釈迦如来(釈尊)が在《おわ》します、という構想です。つまり「法は一味《いちみ》で、たとい十六に分かれても、法そのものには変わりはない」事実を、この比喩が示すのです。

大通智勝仏は、仏教思想の根幹であり、また、私たちの生きる指針となる「四諦《したい》・八正《はっしょう》道《どう》・十二因縁《じゅうにいんねん》」の三項目を説きます。この三項目は、釈尊の教えとするのが常識ですが、法華経の作者があえて大通智勝仏の説法とするところに、根源的な仏教思想は、劫初からの永遠の真理であるという事実が暗示されているのです。

「四諦」は、苦諦《くたい》・集諦《じったい》・滅諦《めったい》・道諦《どうたい》という四つの基本的な真理（諦《たい》）です。「苦諦」は、現実に人生は、苦という以外に言いようがないという真理。「集諦」は、その苦の原因は煩悩と執着にあるとする真理。「滅諦」は、「苦悩」は、不可抗力な存在ではなく必ず調御《コントロール》できるとする真理。「道諦」は、苦悩を調御《コントロール》する実践方法についての真理です。

この道諦を、次の八項目に展開するのが「八正道《はっしょうどう》」です。「正道」というのは、後記する因縁の真理（因果律・因果法）に合うのを正《しょう》（聖とも）、背くのを邪《じゃ》（悪）とする意味合いです。

「正見《しょうけん》」は正しい見解、因縁の理に基づく見方、「正思《しょうし》」は正しい思索、「正語《しょうご》」は正しい言葉で語る、「正業《しょうごう》」は正しい行為をする、「正命《しょうみょう》」は正しい生活、「正精進《しょうしょうじん》」は正しい励み、「正念《しょうねん》」は正しく心に想念する、「正定《しょうじょう》」は正しく心身を安定する意味です。

以上の八正道は、相互に原因となり結果となって関連し合っているので、一つ一つの単独の実践に止《とど》まるものではありません。たとえば、正しく真理を見る「正見」の眼が開くにつれて、自然にものごとを正しく思惟《しい》するようになります。すると、正しく語り、正しく行動するようになるでしょう。このことは、次に学ぶ因縁の法の一例でもあります。

人間の苦悩は、どのようにして生じるのか

私たちが、ふだん、見聞きするすべての事柄や現象には、必ず原因があります。しかし原因だけでは結果を生じません。結果が出るように、原因（因と約す）に働きかけるのを「縁《えん》」といいます。また因には、可能性の語感があり、「縁」にも、因の可能性を助ける「契機」の意味が含まれています。

たとえば、ここにぶどうの種が一つあるとします。この種は花を咲かせ、ぶどうの実を結実させる可能性（因）を持っていますが、机の上に置いたままでは、おいしい果物にはなれません。何かの契機が必要となります。すなわち地におろし、太陽の光や肥料などが欠かせません。それらの縁を得て、はじめてぶどうの種がぶどうになるのです。

このように、無数の因と縁とが、限りなくかかわりあって、さまざまな結果を生じるのを「因縁の真理」（因縁法）といいます。また結果は、因がいろいろの縁（契機）によって起伏しますから「縁起《えんぎ》」ともいいます。

「十二因縁」は、私たち人間の苦しみや悩みがどのようにして生じるのか、そのかかわりあ

いを追求して、十二項の系列にして説いた教えです。

『涅槃経《ねはんぎょう》』には、十二因縁が次のように説かれています。

縁起《えんぎ》とは何であるか。無明《むみょう》の縁《えん》から行《ぎょう》があり、行の縁から識《しき》があり、識の縁から名色《みょうしき》があり、名色の縁から六処《ろくしょ》があり、六処の縁から触《そく》があり、触の縁から受《じゅ》があり、受の縁から愛《あい》があり、愛の縁から取《しゅ》があり、取の縁から有《う》があり、有の縁から生《しょう》があり、生の縁から老死《ろうし》、愁悲苦憂悩《しゅうひくうのう》が生ず。このようにこの一切の苦蘊《くうん》（苦のあつまり）の集起《しゅうき》（集まり生起する）がある。これが起といわれる。

私たちの最大の苦悩は「死」でありましょう。なぜ人間は死ななければならないのか。十二因縁法によれば、それは「無明《むみょう》」に原因があるとされる。無明とは因縁や四諦《したい》の道理を正しく知らない、知っていてもこの道理を無視するところに生じる「迷いの根元」のことです。私は無明を〝やみくもの生命欲〟と申します。つまり、無明は性欲を生ずる縁となり、性欲本能の行為（行《ぎょう》）を起こすため、本能の奥に無明を設定するわけですが、ここに仏教思想の特徴があります。

〝両乳房《りようちぶさ》握るや欲の初ざくら〟

無明と行《ぎよう》とは、私たちが生まれる以前の過去の因です。この因が、男女の縁によって新しい生命が母胎に宿り、人間のいのちを保つ根元的な要素をまず生むとされます。この根元的なものを「識《しき》」と名づけます。この識が、人間の心身（名色《みようしき》）の発育を促し、五体と感覚や意識を生ずる六根の眼耳鼻舌身意《げんにびぜつしんい》が成長します。それが「六処」（六入とも）で、母の胎内をまさに離れようとする状態です。

人間の年齢の計算方法も、母の胎内から社会に出た日から数える西洋方式と、出生前の母の胎内生存期を一年と算定する東洋的発想法がありますが、私は十二因縁の上から考えて、後者の東洋的年齢算定方法のほうが妥当だと思うのです。

かくて私たちは、この世に生まれ出たものの、まだ火の熱さも水の冷たさも知りません。火や水に触れて、はじめて寒熱の意味を知るのが「触《そく》」です。そして、触によって暖冷や苦楽を覚える感覚を「受《じゆ》」といいます。

感覚がはたらくようになると、好き嫌いの心も成長し、やがては好きなものに執着するようになります。それが「愛」です。一度《ひとたび》、愛の情が起きると、それを自分の所有にしたくなるものです。それが「取《しゆ》」です。古い狂句の〝両乳房《りようちぶさ》握るや欲の初ざくら〟の一句は、この心情をよく詠《よ》んでいるではありませんか。

しかし、この欲望があるからこそ、私たちは生存し存在できる道理です。それを「有《う》」といいます。有は存在の意味です。私たちが、いま・ここに有るというのは「生」きているからです。

しかし生あるものは、しだいに古びて、やがて滅《ほろ》んでしまわないものはありません。私たちは「老・死」する存在です（病は老に含まれる）。

以上のように、無明があるから行《ぎょう》、行があるから識というように、前者が因となり縁をかりて果《か》を生じます。さらにこの果が、今度は因となって同じようなコースで、次の現象を生じます。このかかわりあいを順次追求して、十二項の系列とするのが十二因縁です。人間の苦悩の因は無明にあり、その結果が死苦となります。逆に「老・死」の苦の因はどこにあるか？　それは生きているからで、その生の原因は「有」（存在）であるから……というように、逆の思索もまた可能です。

法華経においては、大通智勝仏が、十六人のわが子たちの要請に応じて、これらの法を説きます。すなわち、仏教の真理が十六人の後継者によって、十六の世界へと伝道されるわけです。

しあわせを、他人と分かちあう願いと誓い

また「化城喩品」で「普回向文《ふえこうぶん》」が読めます。普回向文は、現在日本の各宗で唱《とな》える誓いと願いを込めた、

願わくはこの功徳《くどく》をもって、普《あまね》く一切に及ぼし、我等と衆生《しゅじょう》と皆ともに　仏道を成《じょう》ぜんことを（『法華経』中・52ページ）。

という漢字二十文字の短詞です。しあわせを自分で独《ひと》り占めする個人的解脱《げだつ》を目標とする小乗的心根《こころね》（声聞根性《しょうもん》）を捨てて、あの人にもこの人にもと、しあわせを配って、ともに人間の踏むべき道――仏道を完成したいと、法華経を説く人たちは誓いと願い（誓願）を発《おこ》します。この誓願はまた、法華経を読む現在の私たちの誓願でなければならないでしょう。

私は、世間でよく言われる〝おすそわけ〟という日常語が好きです。他から頂戴したものを自分だけで独占することなく、他にも分配することです。「すそ」は衣服の下の縁《ふち》とか山の麓《ふもと》の意もありますが、物の端《はし》や末の部分をも〝すそ〟といいます。どのようにつまらなく、わずかなものと思われるものでも、他に分けるという心情が尊いのです。

私はまた「化城の喩」から、

うきことあるとき　ともにうれえ
たのしきときには　たがいにたのしむ
これこそまことの　へだてぬ友よ
これこそまことの　へだてぬ友よ

との、かつての唱歌教科書で学んだ『朋友《ほうゆう》』や、〝お手々つないで　野路《のみち》を行けば〟の童謡を懐かしむのです。法華経の比喩のこころでこれらの唱歌や童謡をうたえば、その歌詞に上記の普回向《ふえこう》の詩のいわんとするところを読みとることができるでしょう。

オーストリアの精神科医のフランクルは、ユダヤ人であったため、第二次世界大戦中、アウシュヴィッツの収容所にとらわれて迫害を受けましたが、危うく虐殺の難を逃れました。そのときの彼の記録的作品が『夜と霧』です。

この書の中で、虐殺場のガス部屋へ連れてゆかれ、まさに生命が奪われんとする極限状況に達すると、人々の中にさまざまの個性が露《あら》われる様子が活写されています。自分だけよければと振る舞う者もあれば、わずかなパンの切れはしや水を分けあい与えあい、ガス部屋へ自分が先に入って、他をかばう者があります。これを見て、フランクルは感激します。そして彼は、人間が絶体絶命のときに、無意識に他のためにする精神作用を「超越的無意識」と名づけます。

フランクルの紹介者の一人である福井市在住の精神科医の米沢英雄《よねざわひでお》医学博士は、これを「東洋でいう『仏性』の心ではないかと思う」と解説されます。実に崇高な〝普回向心《ふえこうしん》〟ではありませんか。法華経を読む私たちも、大いに心すべきことでありましょう。

人間界とは、耐えしのばねばならない世界

さて、大通智勝仏の十六人の童子たちは「化城喩品」によると、みな最高のさとりを得て、それぞれの国（場）で法を説きますが、私たちになじみの多い例を挙《あ》げると、東方に阿閦仏《あしゅくぶつ》、西方に阿弥陀仏。そして、最後の十六人目の沙弥《しゃみ》（少年僧）が、自ら、

われ釈迦牟尼仏《しゃかむにぶつ》にして、娑婆国土《しゃばこくど》において阿耨多羅三藐三菩提《あのくたらさんみゃくさんぼだい》を成《じょう》ぜり（『法華経』中・68ページ）。

と、申します。娑婆は梵語《ぼんご》サハーの音写で、私たちが現に住んで生きている地球上のこの世界です。ここに住む人間は、内には無数の煩悩を抱いて苦しみ、外には風雨や寒暑の災害を受けて苦しまなければなりません。したがって、この世界を生き抜くには、自分の内外からの苦難に耐えなければならない。そこで、娑婆が「忍土《にんど》・忍界《にんかい》（堪え忍ばねばならない所）」と漢訳されます。

おもえば、大通智勝仏の他の子たちと違い、いちばん問題の多いこの人間界・俗世間において、釈尊が「阿耨多羅三藐三菩提（この上なく完全なさとり）を得た」とあるのがきわめて印象的です。先にも挙げましたが、後白河《ごしらかわ》法皇が編集された『梁塵秘抄《りようじんひしよう》』は、平安期の今様《いまよう》歌謡集で、その中の仏教思想を謡《うた》いあげる「法文歌《ほうもんか》」の中に、

「大通智勝の王子ども　各々《おのおの》浄土に生まるれど　第十六の釈迦のみぞ　娑婆に仏に成りたもう（八九）」

と、感激をもって謡いあげられています。

私たちの住むこの世界は、たしかに苦難に満ちているから、ここで生きていくには「忍耐」が欠かせません。法華経の「法師品《ほつしほん》」にも、忍耐（忍辱《にんにく》とも）の心が、内外一切の苦悩を防ぐことを、寒熱や風雨から体を守る衣類になぞらえて「忍辱衣《にんにくい》」、あるいは外敵を防ぐ鎧《よろい》にたとえて「忍辱鎧《にんにくがい》」（「勧持品《かんじほん》」）と呼んでいるのが見られます。

「忍」とは、ありのままを確認し、それに徹すること

しかし、ただ苦しさや怒りやつらさを、じっと我慢するだけが「忍」ではありません。忍は「認」と同じだとするのが大乗の思想で、たとえば『金剛経《こんごうきょう》』は、忍を「認める作用」としています。「確認」というように、認めて確かに知り、その時点で必要な行動をするのが、認であり忍です。

クルマを運転しているときは、信号を確認して、停止信号が出たら、ただちに進行を停止し、青信号に変わるまで待つのが忍です。青信号に変わっても、さらに信号を確認して、前後左右を注意しながら進むのが忍です。忍を〝待つことができる・考えることができる〟はたらきといわれるのも、忍が「認」になってはじめて、実践できるからです。

忍は、自分の置かれている時点を確認することですから、他と比較しないときに生じる英

知であるともいえます。自分が病気のとき、自分の健康時や他の達者な人と思い比べると、病気がさらに苦になります。他と比べずに、自分の病気を確認し徹すると、健康時には得られない生き方や考え方を病《やまい》が教えてくれて、知らず識《し》らず病から英知が生まれます。それを「娑婆即寂光土《しゃばそくじゃっこうど》」といいます。

「娑婆すなわち寂光土」とは、苦難に満ちたこの娑婆世界がそのまま、この上ない寂光の浄土になるのだというのです。寂は、真理のしずかさを、光は仏の知恵が照らすのを指します。すると、忍土とは、忍ばなければ生きていけない場という考え方から、事実を確認することによって、きわめて楽しく生きていける世界という考え方に変わっていきます。

言い換えると、辛抱《しんぼう》しなければならないという受け身から、辛抱できるように人世《じんせい》のしくみができている事実を、自分で発見する眼が開けてくる、ということになります。

「日暮れて道遠し」が意味するもの

「化城喩品」で〝幻の城〟を築いたリーダーに、西インド諸島をはじめて発見したコロンブスの苦労をダブらせてみるのもおもしろいでしょう。航海中のさまざまな恐怖や苦労や部下の反乱、帰国の強要に耐え、巧みに指導して、ついに目的を達したコロンブスに、この「化城喩品」のキャラバンの隊長の面影《おもかげ》が感じられます。はるか水平線に浮かぶ雲を、そのつど島影と見て喜ぶのは、たしかに、幻の城ならぬ〝幻の島〟でありました。

私は〝幻の城〟の比喩に「日莫《く》（暮）れて途《みち》（道）遠《とお》し」との、中国の伍子胥《ごししょ》が残した古い言葉を思い出します。先のコロンブスは十五世紀中ごろの生まれですが、伍子胥は紀元前六世紀末の人ですから、釈尊より一世紀も古い先輩の武将です。彼は楚《そ》の国の人ですが、父と兄とを楚の国王に殺されたので呉《ご》の国に逃れ、復讐をはかります。のち呉王に従って楚を攻め落としますが、すでに楚王は他国に脱出した後なので、彼は仇を報ずることができません。彼はすでに年老い、しかも報復の途が遠く、目的が達せられないのをあせり、嘆きの言葉を吐いたのです。

この言葉が後に転じて、〝復讐〟の意味はなくなり、いまは「年老いて、なお目的が適《かな》えられていない」あるいは「期限は迫ったが、約束のことがまだ仕上がっていない」の譬《たと》えに用いられています。軍隊の行軍や、困難な旅行や探険にたずさわった人には、思い出深い言葉でありましょう。化城喩品の話に、この言葉が連想されるのは当然です。私はこの『法華経入門』の原稿執筆の作業もまた〝日暮れて道遠し〟ですが、絶望感にひしがれて、途中で止めてはなりません。勇猛心を奮《ふる》い起こさなければウソなのです。

「化城喩品」で、疲れた隊員を励ます導師《どうし》の言葉が、またいい。〝汝《なんじら》等よ、去来《いざ》や、宝所《ほうじょ》は近きにあり〟と。宝所が「さとり」を示すことは、すぐにわかるでありましょう。

現世利益《げんせりやく》を求める信心は、あくまで第一段階

さて、現代人を宝所《ほうじょ》に導くには、やはり現代的発想の〝現世利益《げんせりやく》〟という方便の〝幻の城〟が必要のようです。現世利益は、正しくは「この現在の世で受ける仏・菩薩の恵み」のことで、法華経では「薬草喩品」で紹介したように、法華経を信ずる者は「現世安穏《げんぜあんのん》後《ご》生善処《しょうぜんしょ》」(現世では安穏の生活をし、死後には善い世界に生まれる) と説きます。現世利益は、法華経のほかにも『金光明経《こんこうみょう》』や『薬師経《やくし》』にも説かれる大乗の思想で、密教の「現世祈禱《きとう》」には種々の修法《しゅほう》(加持祈禱《かじきとう》) が行なわれます。

ただ同じ大乗仏教でも、浄土教では、ことさらに祈ることを否定し、現世利益は如来からおのずから恵まれるものとします。また「現当二世《げんとうにせ》」という言葉もあります。「現」は現在の現、「当」は当来世《とうらいせ》、つまり未来の世ですから、現当二世は、現世と未来世に同じで、鎌倉期の華厳宗《けごんしゅう》の高僧・明恵上人《みょうえしょうにん》(一二三二年没) の唱えた句です。後生善処とは、死後に善い世界 (浄土・極楽) に生まれることですが、ただ苦痛がないという意味の安楽ではな

く、後の世に仏となり、さとりを得る意味です。

ところが、現在の現世利益の通念は、この世で頂く仏・菩薩の恵みという本来の現世利益とニュアンスを異にして、いわば物質的なものを中心として考える、きわめて即物的な内容となっています。

家内安全・商売繁盛・縁談成立・病気快癒から火難盗難一切の悪事を蒙《こうむ》らないように、受験合格はもちろん、いま買った宝くじの当選祈願など、数えあげたらかぎりがありません。しかし、それがいけないと私は言うのではありません。ただ、たといそれが適《かな》えられても、それは法華経の示す「宝所《ほうじょ》」とは掛け離れた、はかない〝幻の城〟にすぎない事実を、胸中に覚えておいてほしいと願うのです。

私たちの精神は、一足飛びに進歩したり進化するものではありません。順序を踏んで一段ごとに成長していくのです。進学課程でも幼稚（保育）園・小学・中学・高校・大学・大学院の別があるように、同じ真理を教えるにしても、幼稚園と高校の教案《カリキュラム》は異なるでしょう。相手《き》（機という）の理解力や能力（機根という）に応じて教育方法を工夫し、低いところから高いところへ登れるように、足場を作ってあげなければなりません。それが「方便」です。

仏教の信心や修行にも、もちろん課程が必要です。現代的発想の即物的現世利益を目標とするのは、さしずめ幼稚園クラスです。この年代の幼児たちは、どうしても利己的です。前記した現代人の現世利益の願いの項目のどれを見ても「自分のこと・自分の家族・関係者」のサークルに限られた、自分中心の利得の満足だけを望むものばかりです。人間の持つ性《さが》の然らしめるところですが、ときには、エゴイズムを信心の名で呼んでいいのかと、厳しく考えてみようではありませんか。

現世利益とは、ドライブインでの安らぎのようなもの

真実の信心は、まずエゴイズムを超《こ》えなければならない――これに気づくのが、小・中学クラスの信仰でしょう。そして、先に学んだ「化城喩品」の「願わくはこの功徳をもって普《あまね》く一切に及ぼし　我等と衆生と　皆ともに仏道を成ぜん」との普回向《ふえこう》（183ページ）の誓願に目覚めるのが、大乗仏教の正しい現世利益であると理解できれば、これは大学クラスの信心と言えましょう。自分だけのしあわせを願う現代の現世利益はいわば小乗的信仰です。

しかし、小乗的な現世利益をいたずらに低級視してはなりません。この章に見るキャラバンの隊長のように、他人はもちろん、自分の心中の小乗的願望を少しでも高めて、さとりを

求める心に育てる実践が大切です。そして、仮に小乗的現世利益が適《かな》えられても、それは〝幻の城〟だから、そこで満足して永住しようと腰をおろしてはならないと、自分にも言い聞かせ、他にも教えることです。

〝幻の城〟とは、現代ならば交通路線の沿道に設《しつら》えられたドライブインです。ドライブインがいかにデラックスな建物であっても、そこが目的地でないかぎり、〝まぼろし〟と呼んでもいいでしょう。ドライブインは、クルマを運転する者には欠かせない施設ですが、要するに一時の休息や食事の場にすぎません。疲れがとれ腹ごしらえもできたら、早々にドライブインを出て、目的地に急ぐのが実務家《ビジネスマン》の常識です。

現代人の信ずる現世利益の満足を、私は人生の〝ドライブインの安らぎ〟と申したい。仮に商売繁盛や試験合格の祈りが適えられても、そのかりそめのしあわせに酔っていると、またぞろ新規の欲望を追加祈願するおそれがあります。早々に腰を上げて、真実に心のやすらぐ場の「宝所《ほうじょ》」に向かって、仏道を歩みつづけることが肝要です。

つまり、切実な現実的欲求の満足を願う祈りを大きな縁（契機）として、この世で頂ける最高の仏・菩薩の恵みを求めて前進するのです。詳しく申しますと、物質中心の即物的な祈りから、より高いこころの豊かさを願いとする、より深い祈りに転じるのです。

すると、いま私たちが仮に不幸であったら、それは何かの祟《たた》りや運命のせいではなく、仏・菩薩の教えに出会えるご縁であり、自分の人生開発の機会を恵まれたのだと、気づかせてもらえるでしょう。すると、逆境を生きぬく勇気が、自然と自分に与えられます。この知恵と勇気に目覚めるのが、仏・菩薩から与えられた恵みです。そして、現実的な利益が〝ドライブイン〟で、逆境を生きぬく知恵と勇気に目覚める場が「宝所」です。宝所は読んで字のとおり、宝の国・珍らしい宝のある国で、心の安らぐ場・さとりの所に譬えられています。宝所を仏教用語で涅槃《ニルヴァーナ》と名づけます（涅槃《ねはん》の本来の意味は、迷いの火が吹き消えて心の安らぐ状態、つまり、さとり、解脱《げだつ》でありますが、後に釈尊の入滅をさす言葉としても用いられます）。

私の心の肥《こやし》となった、義母との複雑な人間関係

私事にわたりますが、私は幼少のとき生母と死別したので、以後三十五年間も義母に育てられました。それだけに〝生みの親より育ての親〟といわれるとおり、生母にも増して義母の恩の大きいことを感じています。しかし、義母は病的な厳しさのうえに、私が結婚すると義母は悲しいことに女の性《さが》に返り、嫉妬心にも似た感情で私たち夫婦にからんでくるように

なりました。現在のような社会風潮の土壌とは、まったく違う戦前の時代ですから、一言の反抗も許されません。

私たち二人は、恩義ある人間関係の陰湿さに泣きました。とくに寺を管理するという職務が負担になって、寺から脱出することも、他人に私たちの悲しみを明かすこともできません。切羽《せっぱ》つまったそのとき、私はふと古い俗謡の〝胸に千把《せんば》のわら燃やすとても、外に漏《も》らすな煙一すじも〟を思い出し、妻にも告げて、私たちを支える〝杖ことば〟としました。そして、私たちは「この苦労も、いつかは自分たちのしあわせになるであろう」と、互いに慰め合ったものです。

その義母も亡くなって、すでに三十七回忌《き》の法要もすませました。当時、私たちがひそやかに願っていた「自分たちの苦労が将来の幸福につながる」以上に、苦悩している人たちの相談相手に役立つようになったのに驚くとともに、感謝するのです。時代は変わっても人間関係のむずかしさに変わりはありません。私以上に苦しんだ家内が、そのとき舐《な》めた血みどろの体験が、いまは若い人びとへの助言に、ささやかながら役に立つと申して、喜んでいます。

思えば、その頃の私たちの信仰は「どうぞ家庭内に波風が立ちませぬように、義母の心が静まりますように」との一点張りでした。その反面に「私たち二人は、今までに一度も人を泣かせたことも苦しめたこともないのに、どうしてこんなに泣かなければならないのか！」と愚痴もこぼしました。

しかし今にして思えば、私たちの苦労は「私たちの過去の業《ごう》の報いと受けとめつつ、他《ひと》の苦悩を慰め、助言もできる徳力の充電期への縁を深めるためであった」と気づかせてもらいました。この目覚めが、仏・菩薩の恵みでありましょう。

もし私たちが、義母だけを責めて、自分たちの不運を託《かこ》つに終わったら、現世に仏・菩薩の恵みは頂けなかったでしょう。「家庭内に波風の立たぬように」との、現世的な願いが縁になったのです。いわゆる悪業でも避けずに（避けられるのなら、それは善悪いずれの業《ごう》でもない）、正面から立ち向かい、わがものとしっかり両手に受けて持つなら、それはたんなる結果としてではなく、よい縁に転じられるのです。

切羽つまったり祈りや願いを熱心に続ける現世的信仰が、そのまま、涅槃《ねはん》の宝所に近づける縁になるのです。宝所はまぼろしのドライブインの先にあるのですから、現世利益のドライブインのあるおかげで、涅槃の宝所へ進む縁が実るのです。法華経の「化城の喩」は、このようにさまざまの真実を示唆してくれるのです。

7章

〈法華経・五百弟子受記品《じゆきほん》〉

生きる喜びの発見――「衣珠《いしゆ》の喩《たとえ》」

――自分の中に潜む仏性に、いかに目覚め、これを引き出すか

すべての人を成仏せしめんとする「釈尊の願いと誓い」

「衣珠喩《いしゅゆ》」もまた、さきの「窮子喩《ぐうじゆ》」と同じく、弟子たちがナレーターとなり、釈尊が聞き手となる構想になっています。すなわち阿羅漢《あらかん》の境地に達して、そこで満足した小乗の弟子たちは、それ以上に向上して仏になろうなどと考えたこともなかったのです。いや、仏などにとてもなれるものでないと、卑屈にも断念していた弟子たちです。

しかるに釈尊は、小乗の教えは一つの段階で、誰もが仏になる可能性（仏性）を持っていると、多くの弟子たちに記別《きべつ》されます。記別を与えるのを「授記《じゅき》」といい、記別を受けるのを「受記《じゅき》」といいますが、授記された弟子たちは、みな大喜びです。そして、自分たちがそれまで小乗の教えで満足していたことを後悔し、その愚かさを懺悔《さんげ》しつつ述べる比喩《ひゆ》が、法華経第八章「五百弟子受記品《ごひゃくでしじゅきほん》」の「衣珠《いしゅ》の喩《たとえ》」です。

とくにこの比喩は、法華経の重大思想の一つである「授記」を、弟子たちが完全に理解した事実が、歓喜と感激をもって語られているところに、深い意味があります。

「記」は、記別（莂《べつ》とも）の略で、「将来、必ずさとりを開いて仏になるにちがいない、と釈尊が弟子に与える予言と証《あかし》」というのが一応の意味です。記別の「別」は、弟子一人一人に個別に予言するという意味と同時に、無別（区別がないこと）という、一般通念とは逆意味を含んでいることに注意を要します。区別がないということは平等ということです。目に見える現象に、たとい差別が感じられても、本来の仏性《ぶっしょう》は、すべて平等であるというのです。

授記は、釈尊の弟子たちが未来に必ず仏となることを予言し、約束し、証明することではありますが、先にも触れたとおり、いわゆる〝お墨付《すみつき》〟（大名などが家臣などに与えた約束や証明の文書）ではありません。いうなれば、悉有仏性《しつうぶっしょう》（一切のものは仏になれる可能性を持つ）との大前提に基づいて、「あなたは、今は確かに凡夫《ぼんぷ》だが、もともとあなたには、仏性があるのだから、よい縁によって、必ずいつの日にかは成仏《じょうぶつ》（人間性の完成）できる」という保証です。

すなわち、既定の成仏の事実に気づかなかったり、忘れている人たちを何とかして気づかしめたい、また、思い出させたいというのが、釈尊の何よりの願いです。そして、この事実を必ず気づかしめ、また思い出さしめずにはおかない、というのが釈尊の誓いです。よって私は、授記を、一切の人々の成仏を果たさんとする「釈尊の願いと誓い」と解します。

私が孫に与える〝記別〟のやり方

再び私事で申しわけないのですが、私はできるだけ、孫たちと一緒に入浴するように心がけています。浴槽の中で私の膝に腰を掛《か》けさせたり、背中を洗ったりしながら話しあうのです。これが本当のスキンシップだと、私は考えています。小学校六年・五年・一年生の三人の男の子ばかりが、狭い浴室で話し合い、笑ったりするのですから、相当賑《にぎ》やかなので、ときどき家内が何ごとかと思って偵察に来たりします。

孫の長男・茂樹《しげき》や、次男・正樹《まさき》は、いずれも進学の準備期に入っていますが、私は、孫たちに「勉強しなさい」とは一言も言いません。しかし、ときには孫のほうから学校の成績が上がらないのを苦にして、私に「どうしよう」と問いかけてくることがあります。

こんなとき、私は「おじいちゃんだって、あんたたちのときは、クラスの半分以下の成績だったんだよ。中学時代もあんまりよくなくってね、大学を出るときやっと五番以内に入《はい》れたのさ、君だっておじいちゃんの血が流れているから、今にきっと芽が伸びるよ」などと、うぬぼれを綯《な》い混ぜにしながら、体を洗ってやります。これが、私の孫への「記別」です。孫たちは安心したのか、顔が笑っています。

私は、もちろん孫たちの成績が上がるのを願ってやみません。その願いを、私は自分の誓いとして、また勉強を続けています。

しかし、「釈尊の願いと誓い」と、私の孫への誓願とはまったく次元が違います。釈尊の記別はあまりにも大きく、また深いので容易に人びとに理解されません。そのために数多くの比喩の説法が必要になるのです。未知の世界を人々に納得させるには、緻密《ちみつ》な理論で語るよりも、神話や伝説や比喩のほうがわかりやすい事実を、釈尊をはじめ、古代インド人はよく心得ていました。ゆえに授記する釈尊だけでなく、授記を受けた弟子たちも、自分の中に秘められた仏性に目覚《めざ》めた喜びや感激を、比喩をもって語るのです。

「衣珠《いしゅ》の喩《たとえ》」は、前記したように、受記した多くの弟子たちの歓喜から述べられるものです。この点を飲みこんで「衣珠の喩」を読みましょう。

衣服の裏の宝玉に気づかず、零落《れいらく》した男

ある男が親友の家を訪ねた。友人の心からの歓待を受けて、この男は酔いしれて眠ってしまった。親友は勤務に出かけなければならないが、この男を起こすのに忍びず、値段がつけられないほどに高価な宝玉を、この男の衣服の端《はし》に縫いこんでおいた。

さて、この男は目が覚《さ》めたが親友がいないので、その家を去り、他国に赴《おもむ》くが、落

ちぶれて衣食にも事《こと》欠くようになる。しかし彼は、別に自分の貧しさを苦にする様子もない。

たまたま、この男の着物の端に、宝玉を縫いこんだ親友に出会う。親友は、彼の零落《れいらく》した姿を見て、悲しんで言う。

「おい、君、君はどうして貧乏になったのだ。ぼくは君が十二分に安楽に暮らせるようにと、高価な宝玉を君の服の端に縫いこんでおいてあげたのだが、その宝玉はどうしたのかね」と。そして、その善《よ》き友は彼の服の一端を示して、「それ、今もここに、宝玉があるではないか。これを売ったら、こんなに貧乏しなくてもすむではないか」(『法華経』中・115、117ページより抄意)。

内容は簡単ですし、示唆する点もすでに記したので、この比喩の意味するところは説明を要しません。

秀才だが、エゴイズムに固まっていた舎利子《しゃりし》

授記の思想は、先に詳しく述べましたが、法華経第三章の「譬喩品《ひゆほん》」で、釈尊が舎利子《しゃりし》に与えるのがはじまりです。

舎利子は、法華経第二章「方便品」で釈尊の説かれる「十如是《によぜ》」や「開《かい》・示《じ》・悟《ご》・入《にゅう》」（84ページ参照）などのすばらしい教えを聞いて深く感動します。舎利子は、先にも述べたとおり、釈尊の弟子の中でベストテンといわれる十大弟子の一人です。釈尊の教団の中で、彼ほど知恵のすぐれている者はないとして〝知恵第一〟の称を得たほどの秀才です。

彼は、当時古代インドで著名な懐疑《かいぎ》派の哲学者の弟子となり、たちまちのうちに頭角《とうかく》を現わし、名を知られるようになります。彼は、ある日路上で、釈尊の弟子のアッサジに出会いますが、アッサジの礼儀正しい態度に感服して「あなたの師はどういうお方か、そして、どのような教えを説かれるのですか」と問います。

アッサジは「私の師は、ただすべてのものは、縁にしたがって生じ、縁にしたがって滅びるものであるとの因縁の法だけを、お説きになります」と言葉少なに答えます。

舎利子は驚きます。それもそのはずです。当時のインドの宗教思想は、婆羅門《ばらもん》の教義が制圧していました。婆羅門教は創造神を認め、一切は、創造神によって創《つく》られるとするのですから、万物が因縁法によって生じると聞いて、びっくりするとともに、彼がそれまで抱いていた疑問のすべてが解決したので、親友の目連《もくれん》とともに釈尊の教団に入団します。後に、彼は釈尊から深く信頼されて、ラーフラ（釈尊の実子であり弟子でもある）の指導をまかされています。『般若心経』は、この舎利子にフィクションの観自在菩薩《かんじざい》が「空《くう》」を語りかけるという構成の経典です。

しかし釈尊教団へ入った当時の舎利子は、たとい婆羅門的教義は脱していても、小乗的思索にふけっていたことと思われます。小乗仏教では、人間は修学と修行によって、阿羅漢《あらかん》に達するのが最高であると同時に、これが限界で、羅漢の一線は超《こ》えられないとされていたことは、前に記しました。羅漢になって自分が救われたらそれで十分なので、それ以上何をか望まんやとなれば、人間誰しも、退嬰《たいえい》的になるのは当然でしょう。

現代のサラリーマン社会でも、課長や部長ラインを羅漢果《らかんか》（羅漢の位置）と考え、そこへ達するまでは、一応の努力はするものの、そこに到達したが最後、できるだけ事故がないようにと、保身にきゅうきゅうとするなら、これも〝声聞根性《しょうもん》〟です。

声聞根性のサラリーマンに「お前だって、社長になるれっきとした素養が、本来具《そな》わっているぞ！」と言ってみても、本当にしないどころか、逆に「人をからかうな」とか「バカにするな」と、怒りを買うのが落ちでしょう。このことは法華経においても同じです。

羅漢果で満足している声聞グループに「あなた方にも、私と同じに仏となれる本性が具わっている」と、釈尊が仏性を説いても信じないのです。信じられないというよりも、進んで信じようとしないのです。釈尊の説法の座から五千人もの聴衆が退場したのも、そのよい一例だと言えましょう（71ページ参照）。

「縁」の教えに目覚めた舎利子の歓喜

はじめの頃の舎利子も、その一人だったと思われます。釈尊の教えに、疑心と反発の塊《かたま》りだった彼が、聴聞《ちょうもん》を重ねるうちに、頑《かたく》なな信念もだんだんほぐれていくのです。彼は、アッサジからはじめて聞いた因縁の法（因果律）が理解されるにつれて、自分の中にある仏となるべき因（可能性）に目覚めると、釈尊の説く「縁」（契機）の大切さが、おもしろいほど会得されてまいります。「譬喩品《ひゆほん》」では、舎利子の歓喜を、次のように記します（梵文和訳による）。

そのとき、シャーリプトラ（舎利子）は踊りあがって悦び、世尊（釈尊）に向かって合掌し礼拝し、世尊をじっと仰ぎ見て、世尊にこのように語った。
「世尊よ、世尊から親しくこのようなお言葉を承《うけたまわ》り、わたくしは、驚嘆して不思議に思いますと同時に、たいそう嬉しく存じました。（中略）わたくしどもは、世尊の深く微妙な意義を持つ言葉を理解することができませず、（中略）いろいろと考えていました。こうして、わたくしは自分を責めさいなみながら、ほとんどいつも日夜を過ごしていました。

ところが、今日、世尊から親しく教えを承り、わたくしは〝さとり〟の境地に達しました。今日、わたくしは完全に〝さとり〟を得ました。今日、わたくしは真の阿羅漢の位に達しました。今日、わたくしは世尊の嫡出《ちゃくしゅつ》の長男として安らかに生まれ、教えの息子であり、教えの化身《けしん》となり、教えの遺産を相続する教えの後継者となりました。世尊よ、わたくしは今日、世尊から親しく、このような、いまだかつて聴《き》いたこともない驚嘆すべき教えを聴いて、心の苦痛がまったくなくなりました」（『法華経』上・135、137ページ）。

舎利子が言う「真の阿羅漢」は、先の小乗の声聞が達する最高位ではなく、大乗の阿羅漢です。前者は自分だけの解脱に満足して、そこに止まるのですが、後者は自利とともに、利他の解脱をはかるところに大きな差があります。小乗の羅漢が願う涅槃《ねはん》とは煩悩《ぼんのう》を滅することでした。大乗の涅槃とは、仏となることです。涅槃の原語はニルヴァーナで、（火を）吹き消すこと・吹き消した状態の意味です。火とは煩悩の火のことで、煩悩の火をおさめて、知恵が完成するさとりの境地が涅槃です。

言い換えると、身も心も安らぐ仏と成るのが大乗のいう涅槃です。釈尊の死を〝涅槃〟というのは、釈尊が生前と死後とを通じて、永遠に成仏されている事実を讃えた表現と考えられます。

〝仏性〟を悪魔の教えと罵《ののし》ったあるクリスチャン

しかし舎利子が、人間に具《そな》わっている仏性――〝真実の人間性〟をさとるまでは、さまざまの試行錯誤を重ねたので、ときとして彼は、このように嘆いたこともあります。

はじめ仏の説きしところを聞けるとき、心の中に大いに驚《きよう》疑《ぎ》せり。「まさに、魔が仏となりて、わが心を悩乱するに非《あら》ずや」と。

仏は種々の縁、譬《ひ》喩《ゆ》をもって巧みに言説《ごんぜつ》したもうに、その心の安きこと海の如く、われは聞きて疑《ぎ》網《もう》を断ぜり（『法華経』上・140、142ページ）。

「人間は、修学や修行を積めば、羅漢になれるのが最高位で、その上の仏の位に、とても到れるものではない」と教えられていた声聞の舎利子が、仏性を説かれても、当初は「悪魔が仏に化けてこの世にあらわれて、私を悩ますのではなかろうか」と疑念を持っても、無理はありません。

私が若いとき、あるクリスチャンの女性に「大乗仏教思想では、『人間には仏性という純粋な人間性があって、誰もが仏になる可能性を持っている』と教える」と言いますと、彼女は烈しく反論を唱《とな》えました。

「神は人間を救い給《たも》うのです。神に救われる人間が、神になれると言うのにも似たあなたの言葉は、神を冒瀆《ぼうとく》するもので許せません」と。そして大声で「あなたは悪魔だ」と私を罵《ののし》りました。彼女は、私を、悪魔が人間に化けたのだと思ったのでもありましょう。

また、法華経には、「常不軽菩薩《じょうふきょうぼさつ》」というフィクションの菩薩（前世の釈尊という想定）が登場する章があります。この菩薩は、出会う誰彼にも等しく申します。

「おんみらよ、わたしはおんみらを、けっして軽んじない。おんみらは皆、菩薩道を行《ぎょう》じて仏となる人であるから——」と。

これを聞いて人々は怒り、瓦石《がせき》を投げ、あるいは飛びかかって、棒などで彼をなぐろうとします。彼はこの難を避け、遠くから、また同じ呼びかけを続けます。

「常不軽《じょうふきょう》」とは、「常に（他を）軽んじない」という意味です。他を軽蔑しない理由は「誰もが仏となるはずの人」であるからです。人間に限らず、一切の存在が、仏性を持っているとする「悉有仏性《しつうぶっしょう》」の思想を人格化したのが、常不軽菩薩であることは明らかです。

この菩薩が、かく迫害されるとの構想からは、大乗の思想は、当時の宗教思想から受け入れられないどころか、異端視されたという歴史的事実も、また読みとれましょう。

さとりは、自分ひとりで得られるものではない

さて、舎利子が大乗の思想をよく会得し、さとりを得たとの彼のよろこびを聞いた釈尊が、彼に与える言葉もまたすばらしい。

「舎利弗《しゃりほつ》よ、お前は長い間私の弟子であった。それをお前は忘れて、自分でさとりを得たと思っている。私は、いま汝《なんじ》をして本願によりて行《ぎょう》じたところを思い起こさせよう」

と言うのです。法華経の訳者の鳩摩羅什《くまらじゅう》は、格調高く次のように訳します。

舎利弗よ、われは昔、汝をして仏道を志願せしめたりしに、汝は今、悉《ことごと》く忘れて、便《すなわ》ち自ら已《すで》に滅度《めつど》を得たりと謂《おも》えり。われは、今、還《かえ》って汝をして、本願《ほんがん》によりて行《ぎょう》ぜし所の道を、憶念《おくねん》せしめんと欲するがゆえに、諸々《もろもろ》の声聞《しょうもん》のために、この大乗経の、妙法蓮華・菩薩を教える法・仏に護念《ごねん》せらるるものと名づくるを説くなり（『法華経』上・144ページ）。

この釈尊の言葉に注目すべき諸点があります。「われは昔、汝をして仏道を志願せしめたりしに」は、梵文からの直訳では「汝は、長い間私の弟子であった」です。いずれも遠い昔から、舎利子に仏性が具《そな》わっていたのだ、という示唆《しさ》です。ところが彼は、それを「悉《ことごと》く忘れて、自ら已《すで》に滅度《めつど》を得たりと謂《おも》えり」で、自分ひとりでさとりを得たりとおもっていると、釈尊は戒めさとすのです。このような釈尊の教えや戒めを、よく理解した弟子たちの言《こと》挙《あ》げが、先の「衣珠喩《いしゅゆ》」の比喩となりましょう。

親鸞《しんらん》や法然《ほうねん》は、どのように法華経を読んだか

釈尊は、舎利子に「お前は、自分の身に仏性が宿っている事実を忘れて、自分の力でさと

りを得たと考えている。お前の力でなく、お前の身心の中に縫《ぬ》いこめられていた仏性が、お前をさとらしめたのだ」とさとします。さらに、釈尊は「われは、いま、（昔に）還《かえ》って、汝をして本願によりて行ぜし所の道を憶念《おくねん》せしめんと欲す」と発言します。この言葉はとくに重大です。

　まず「本願」という浄土教思想の熟語が見えることです。「本願によりて行ぜし所の道」を、三枝充悳《さえぐさみつよし》博士は「仏のもともと懐《いだ》いている誓願によって、実践してきたところの道」と訳されます（『法華経現代語訳』第三文明社刊）。

　本願は、仏や菩薩が、遠い過去の世に修行していたときに発《おこ》した、「すべての人を救わずにはおかず」との根本の願いと誓いのことで、一口で言えば〝ほとけのねがい〟です。本願の意味をよく味わうと、先の授記（198ページ）の思想に通じることがわかります。私たちは、自分の心身に、もともと仏性を具えている事実を忘れているのです。忘れている仏性の真実を思い出すのが、救われることに他なりません。「衣珠の喩」をはじめ多くの比喩は、この事実をさまざまの例で説いているのです。

　思い出し、目覚めるのがさとりです。他から知識として、とくに教えられるのではなく、自分で自分に気づき、思い出すのがさとりです。そのようにさとることが、すく（度）われるのですから、「すくわれる」と「さとる」とは、同意語の関係にあることを知ります。

法然《ほうねん》も、親鸞《しんらん》も、法華経をしばしば読んでいます。とくに「譬喩品《ひゆほん》」に見る「本願」の二字の持つ深い内容を知って、二人の高僧もまた舎利子のように、大きな会得をよろこんだことでありましょう。とくに親鸞の浄土真宗では、阿弥陀如来《あみだにょらい》の本願力を他力と称します。浄土三部経（無量寿経《むりょうじゅ》・観無量寿経《かんむりょうじゅ》・阿弥陀経）とともに、親鸞教（浄土真宗）と法華経のかかわりあいの深さを覚えます。

次に釈尊は、舎利子が本願によって得たところの道を忘れているから、この事実を「憶念《おくねん》（思いおこすこと）させよう」と申します。思いおこさせるのであって、こと新しく教えるのではない。私（釈尊）が言う、教えるとは、「忘れている事実を思い出させ、気づかしめる」だけのことであるとの示唆を感じます。今まで学んだどの比喩も、すべて「憶念」を願うものであることが、ここによく要約されているわけです。

『かなりや』の童謡にみる、「衣珠喩《いしゅゆ》」のこころ

私は、私が早稲田大学の学生であったころ講義を受けた、フランス文学者というよりも詩人として知られる西条八十《さいじょうやそ》先生（一九七〇年没）作の象徴詩『かなりや』が好きです。し

かし、いまここに、あまりにも有名なこの詩を引用するのは、文学の詩として味わうのではなく、法華経の比喩として学ぶためです。すると、法華経が一段とわかりやすくなるだけではありません。あらゆるもの（諸法）を縁として、私たちはさまざまに教えられるものだという事実を、実感をもって学ぶことができるからです。

唄《うた》を忘れた金糸雀《かなりや》は　後《うしろ》の山に棄てましょか　いえ、いえ、それはなりませぬ
唄を忘れた金糸雀は　背戸《せど》の小藪《こやぶ》に埋《い》けましょか　いえ、いえ、それはなりませぬ
唄を忘れた金糸雀は　柳の鞭《むち》でぶちましょか　いえ、いえ、それはかわいそう

〝唄を忘れた金糸雀《かなりや》〟とは、自分に秘められている仏性を忘れ、仏性に気づかず、したがって、このすばらしい仏性を思い出そうともしない愚かな自分である、と読み換えてみればどうでしょう。すると、わかりにくかった法華経の内容も、自然になぞが解けるでしょう。また、忘れた人間本来の仏性を思い出せるように、気がつくようにとの願いが、数多くの比喩のこころでもあったと合点できましょう。

かくて『かなりや』も法華経の比喩であり、諸法実相の真実をうたいあげていることがお

わかりでしょう。私たちに秘められている仏性を忘れたからといって、「後《うしろ》の山に棄てたり、背戸の小藪に埋《い》けたり、柳の鞭でぶったり」してみても、思い出せるものではありません。『かなりや』の最終節も、奥深い象徴と印象に富んでいます。

唄を忘れた金糸雀《かなりや》は　象牙《ぞうげ》の舟に　銀の櫂《かい》
月夜《つきよ》の海に浮《うか》べれば　忘れた唄をおもいだす

「象」は、多くの人や物を運搬する大きな乗物、すなわち大乗の教えです。インドでは、象は牛とともに聖なる動物の一つです。日本でも釈尊の誕生を祝う〝花まつり〟の行事の一つとして、白象《びやくぞう》の背に釈尊の誕生仏を乗せたパレードをします。また釈尊の母のマーヤ夫人《ぶにん》は、八本の牙のある白象を夢みて、釈尊を宿したとも伝えられています。

そうした事柄を踏まえると、「象牙の舟」は、大乗の教えの象徴であると読めましょう。「銀」は、白色の象徴で、白色は平等を示唆します。白色は、どのような色にでも等しく染まることができるからです。櫂《かい》は水を掻《か》いて舟を進める船具です。「月夜」は清浄そのものを思い浮かべます。清浄については先にも申しましたが、不浄に対する清浄という比較ではありません。清浄と不浄とかを区別したり、よりごのみをしない、いずれにも執着しない意味を示します。

「海」は申すまでもなく仏法の大海です。仏法の大海に、大乗の教えの舟を浮かべ、悉有仏性《しつうぶっしょう》の櫂《かい》で水を掻《か》きわけ進むなら、「忘れた唄をおもいだす」――自分の身に具《そな》えられているが、忘れていた仏性を思い出すわけです。いかがです、すばらしい詩ではありませんか。

仏性《ぶっしょう》という宝は、けっして失われない

さて、釈尊から最初に授記されたのは、先に述べたとおり舎利弗《しゃりほつ》ですが、授記の内容は「どのような修行をして成仏するか、成仏したときの名号《みょうごう》、教化に当たる国名」などです。ほかの弟子のときも、みな同じパターンですから、左に舎利弗の場合だけを挙げましょう。

舎利弗《しゃりほつ》よ、汝は未来世《みらいせ》において、無量・無辺・不可思議の劫《こう》を過ぎて、若干《にゃっかん》の千万億の仏を供養し、正法を持ち奉《たてまつ》り、菩薩の行ずる所の道を具足して、当《まさ》に仏と作《な》ることを得べし。号を華光如来《けこうにょらい》・応供《おうぐ》・正遍知《しょうへんち》（中略）・世尊といい、国を離垢《りく》と名づけん

（『法華経』上・146ページ）。

舎利子が授記を受けると、天の神々、人間でない多くの生物が祝福するというドラマ的な景観が繰り広げられます。

舎利子に次いで、須菩提《しゅぼだい》（スブーティ）・摩訶迦旃延《まかかせんねん》（マハー＝カーティヤーヤナ）や摩《ま》訶迦葉《かかしょう》（マハー＝カーシャパ）・摩訶目揵連《まかもつけんれん》（マハー＝マウドガリヤーヤナ）の釈尊の四大弟子が授記されますが、彼らは、かわるがわる、「今日はじめて『声聞たちでも最高のさとりが得られる』とのお言葉を聞いて、珍しい宝物を自然に得たような気持ちです」と述べ、さらに感謝を込めて、先の「長者窮子《ちょうじゃぐうじ》」の比喩《ひゆ》を述べるのです。

「窮子喩《ぐうじゆ》」と「衣珠喩《いしゅゆ》」の二つの比喩によって、彼らは「誰もが仏となるべき可能性を持っていながら、それに気づかず、かつ忘れていた事実に気づかしめられたこと、かつ、仏性保持を容易に自覚できないのは、卑屈と利己心が妨げていた」と、心情を吐露します。

このように、法華経では、第六章「授記品」、第八章「五百弟子受記品」、第九章「授学《じゅがく》・無学人記品《むがくにんきほん》」などで、段階的に授記が行なわれます。

さらに、「すべて仏性を持っている」とする法華経の思想を、たんなる観念や概念でなく、具体的に一人ひとりに釈尊が授記するところが、「衣珠の喩《たとえ》」に見えます。「衣珠喩」を噛《か》みしめると、真理は教えようと思っても教えられるものではない、本人に具《そな》わっていながら、忘れている真理を、どうすれば思い出させてやることができるか――この点に、教育の可能性についての秘密が隠されているように思います。

仏性という真理の宝は、縫《ぬ》いこめられている衣服の襟《えり》(私たちの心身)がどんなに汚れても、けっして汚れるものではありません。たとい脱ぎすてられてあっても、盗まれるものではないことを、あわせて学びたいものです。

「芸者商売　仏の位《くらい》　花と線香で日をおくる」

二十世紀初期の禅の高僧の一人、猷禅《ゆうぜん》老師(一九一八年没)は、久留米《くるめ》の梅林寺《ばいりんじ》で雲水を指導したり、京都の妙心寺の管長に就任したりしましたが、また機知に富んだ人でもありました。梅林寺に住していたとき、同地の花柳街のある家から法要に招かれました。読経もすみ、お斎《とき》(食事)が出ます。場所がら美しい芸者衆が数名、酒を注《つ》いだりお給仕をします。黙々と食事をしている雲水を指《さ》しながら、

一人の芸者が猷禅和尚にお酌をしながら、何を思ったか質問をします。

「あのお方々のように、まともな生活は、とても私にはできません。こんなだらしのない生

活ばかりしている私なんか、とても度《すく》われませんわね」と。

獄禅は、にこにこしながら盃を重ねていましたが、

「心配するな、わしがエンマ大王に、あんたが極楽へ行けるように証明書を書いてやろう」

と、すずりを取りよせ、すらすらと懐紙に書いて彼女に与えます。開いて見ると、

芸者商売　仏《ほとけ》の位《くらい》
花と線香で　日をおくる

私たちは、花や線香を仏に供えることを知っていますが、線香はまた、坐禅のときに時間を計る単位にします。線香一本のともる間、坐禅するのを「一炷坐る《いっしゅすわ》」と申します。

また花柳界では、芸者や娼妓などを呼んで遊ぶ代金（揚代《あげだい》）を〝花代・線香代〟と呼んだものです。獄禅はこうした習慣をよく心得ていて、とっさに「花と線香で日をおくる」と筆を走らせるのです。

「芸者さんよ、あなたのように、花代、線香代の生活をしていても、あなたの心の中には、ちゃんと仏性が宿っている。あなたは仏の位置にいるのだ」と教えるのです。

衣珠喩に見る衣服は、貧者がまとっているのですから、おそらく汚れ放題でしょう。しかし、いかに汚れている衣服でも、襟《えり》に縫いこまれた珠玉は汚れません。汚れた衣服はまた、それをまとう人の生活状態とも読めましょう。衣珠喩も猷禅の戯歌《ざれうた》も、ともに言葉を耕して読めば読むほど、深い味を覚えます。

8章

〈法華経・安楽行品《あんらくぎょうほん》〉

憎悪《ぞうお》と嫉妬心の克服——「髻珠《けいじゅ》の喩《たとえ》」

——一人の人間の中に、魔心と仏心が同居する不可思議

人間の中に、仏と凡夫《ぼんぶ》が同居しているから成仏できる

いつの頃でしたか、私は高僧方の墨蹟《ぼくせき》展で、「仏凡同居《ぶつぼんどうご》」と力強い筆勢で書かれた、一休さんの一幅の書を拝見しました。この語句の出所は明らかではありませんが、あるいは、一休さんの自作の言葉かとも思われます。

仏と凡夫とが同じ家（同一人の心中）にいっしょに住んでいる——との発想は、必ずしも禅家《ぜんけ》に限りません。たとえば妙好人《みょうこうにん》（親鸞の教えを実践する在家者の総称）の一人、島根県の浅原才市《あさはらさいち》さん（一九三二年没）は、

姿形《すがたかたち》は凡夫でも
なみあみだぶと居る凡夫

と、自分の得た他力《たりき》の信心のほどを、詠《よ》みあげています。彼は、下駄をつくる商売に従事し、学歴もありませんが、仏教の真髄を得た「妙好人中の妙好人」と、鈴木大拙《すずきだいせつ》博士も高く評価した、ほんものの仏教信者です。

一休さんの「仏凡同居」も、才市さんの「なみあみだぶと居る凡夫」も、同じ真実を言っ

ているのがよくわかります。ここでいう仏も、なむあみだぶも、凡夫も、いずれも人格ではなく、仏は仏性、凡夫は人間性の譬《たと》えです。よって、仏性と人間性とは、もともと異質なものでも異次元なものでもなく、同一性であることを、体験から実感したうえで、この二人はうたいあげているのです。また、仏と凡夫とが同一性であるとするのが、大乗仏教の思想です。

倫理の世界では、私たちの心中に生起する善悪や正邪の現象を相対的に見て、善と悪、正と邪をそれぞれ戦わしめ、善と正とを、悪と邪に勝たしめようとします。しかし仏教では、善と悪、正と邪を敵対させません。ともに同居させ並坐《へいざ》させ、善と悪、正と邪とを一体の位置に高めようとするのです。ちょうど同居する夫婦が孤立するのではなく、一体となって仕事をするのにも似ています。

善悪・正邪を一体の位置に高めるには、両者の戦いによるのではなく、正と善とが、それぞれ邪と悪とを調御《じょうご》（コントロール）し、整理する方法を考えて実践するのが、仏教的発想といえましょう。仏（如来）の別称の一つに、〝調御師《じょうごし》〟があるゆえんです。

調御師とは、馬を飼育する御者《ぎょしゃ》が馬をよくリードするように、人間の身《からだ》や口や意《こころ》をよくまとめ支配して、悪い行為を制する人の意味です。このように、自分自身を調御できる人を、〝調御丈夫《じょうごじょうぶ》〟（正道を直進してあともどりしない人）とたたえます。

また、私たちの心身をよく調御して、邪や悪を退けて、心身を安らかにするのを、「調伏《じょうぶく》」といいます。

ただ漢訳の経典を読んでいると、邪や悪や、またあらゆる煩悩を「滅ぼす・断ずる・尽くす」などの表現によく出会います。しかし、こうした言い表わし方は、訳語上のスタイルであって、その意味はどこまでも「調御」にあると知るべきです。なぜなら、私たちは生きているかぎり、けっしてあらゆる煩悩を根こそぎにできるわけがないからです。絶滅不可能の煩悩を、絶滅しようとあせるのも、また煩悩の数を一つ増やすにすぎません。邪悪を調御して、調伏する方法に従うのが賢い道です。

精神界と政治界との第一人者――転輪聖王《てんりんじょうおう》

以上のように、邪や悪を調御《じょうご》する象徴的存在、つまり私たちの内心のはたらきを人格化したのが、法華経第十四章「安楽行品」に収録されている「髻珠喩《けいじゅゆ》」に登場する「転輪聖王《てんりんじょうおう》」です。もともと転輪王は、仏教以前からインドにあった古代神話のヒーローで、「髻珠喩」では、この神を仏教界にいわば寄留させて、仏教思想を表現させます。ここにもドラマ的手法を見ることができます。「転輪大王」への信仰は、今もインドで盛んに行なわれています。転輪大王は、天から宝輪を感得し、この宝輪によって、世界を統一する理想の大王と信じられています。しかも武力で統治するのではなく、天から授かった〝宝の車輪〟を運転して宇宙を治めるという発想に注目していただきたいと思います。

釈尊が生まれたとき、その人相を占った易者が「このみ子は、このまま家にとどまれば転輪王となり、出家すれば如来となるであろう」と予言したことは有名です。いわば、精神界のトップが如来（仏陀）で、政治界の第一人者が転輪王です。「髻珠喩」に登場する〝転輪聖王〟はこの両者の投影と見ることができましょう。比喩では「強力《ごうりき》の転輪聖王」と表現されています。強力といっても兵力ではなく、知恵の力の象徴です。したがって転輪王が征服する敵とは、すべて煩悩の魔軍のことです。

転輪王は、煩悩の魔軍に打ち克《か》った部下の将軍たちに、経典をほうびに与え、法悦《ほうえつ》（仏法を聞いて生じる喜び）に浸《ひた》らせます。

しかし、転輪王が最後まで、いかなる功績を挙げた者にも与えない秘宝があります。その秘宝こそ『法華経』だというのです。つまり「法華経は秘宝（深い教え）であるから、この教えが理解できるようになるまでは、けっして私（釈尊）は与えない。すなわち説かない。

いま、弟子たちはこの教えを理解できるレベルに達したから、ここにはじめて法華経を説く」と、説法のチャンスの熟したことを示します。

釈尊の態度は、いわゆる売り惜しみに似た思わせぶりではありません。いかなる秘宝でも、その価値を知らない者に与えたら、いわば〝ネコに小判〟で、少しもありがた味を感じさせないでしょう。値打ちがよくわかるまで時を待つ教育的態度は、いつの時代でも欠かせません。

転輪聖王《てんりんじょうおう》が頭髪の中に秘蔵している〝宝珠〟とは

さて、釈尊が説く「髻中明珠《けいちゅうみょうじゅ》の喩《たとえ》（髻珠喩《けいじゅゆ》）」の概要は次のとおりです。

「髻中《けいちゅう》」の髻《けい》は、日本名の「もとどり」です。もとどりは、お角力《すもう》さんの結《ゆ》うたぶさのように、髪を頭の上で、ぐっとたばねたところです。そのもとどりの中に秘められた明玉が「髻中明珠（髻珠《けいじゅ》）」です。

この比喩は、釈尊が文殊菩薩《もんじゅぼさつ》を対告衆《たいごうしゅ》（聞き手）として語られています。平易な現代文になおして、次にその概要を記しましょう。

文殊師利《もんじゅしり》（文殊菩薩）よ、たとえば力の強い転輪王が、その威力で諸国を平定しようとする。しかし諸国が転輪王の命に従わないので、王自ら討伐に出かけたとする。王は、戦功をあげた部下の将兵に、それぞれの手柄に応じて、さまざまの賞典を与えるであろう。

しかし転輪王は、いかなるときも自分の髻《もとどり》の中の立派な宝珠だけは与えようとはしない。なぜなら、この宝珠は王だけが頭髪の中に秘蔵している（つまり王位を象徴する）ので、もしそれをも他に与えたら、他の王たちが「なぜ王位を他に与えたか」と必ず驚き怪しむからだ。

文殊師利よ、如来の場合もまた同じだ。如来は、禅定《ぜんじょう》（静寂なこころ）と知恵（さとりの知恵）の力で、真理の国土を獲得した全世界の王者である。

しかし多くの魔王は、真理の王に服従しようとしないから、真理の王の部下である修行者の諸将が、魔軍と戦うのである。この戦いに戦果をあげた修行者には、さらに多くの教えを説いて、修行者たちを喜ばせる。また如来は、解脱や煩悩に汚れない素質と力という真理の財（法財《ほうざい》という）を彼らに与える。

褒賞《ほうしょう》を受けた人たちは、煩悩を滅ぼして彼岸に渡ることができたといって喜ぶが、それでもなお、この法華経を如来は説こうとしないのだ。

文殊師利よ、転輪王が自分の髻《もとどり》の中に秘めておいて誰にも与えなかった明玉、はじめて功臣に与えたいと思うように、如来もまた心中の悪魔である「むさぼり・いかり・おろか（貪《とん》・瞋《じん》・痴《ち》）」の三毒を滅《めつ》した大いなる修行者にも、かつて説いたことのない法華経を、いまここに説きたいと思うのだ。

文殊師利よ、なぜならこの法華経は、すべて生あるものを、よく最高の如来の知恵に到らしめるが、その教えのわからない多くの人には、かえって仇《あだ》となることがある。それほど人々に信じられがたいから、今まであえて説かなかったのだ。しかるに、如来は、いまこの経をここに説くのである。文殊師利よ、法華経は如来の第一の説法であり、数多くの説法の中でも最も奥深い秘密の教えであるから、一番最後になって、おんみらのために、詳しく演《の》べ説こうとするのである（『法華経』中・270～274ページより抄意）。

「降魔《ごうま》」——自分の心中に潜《ひそ》む誘惑の撲滅

「髻珠喩《けいじゅゆ》」に登場する悪魔は、いうまでもなく仏道の修行を妨げる心中の煩悩の表象で、この悪魔を克服するのを「降魔《ごうま》」といいます。

釈尊伝記によると、釈尊がさとりを完成しようとして菩提樹の下にすわっているとき、さまざまな悪魔が現われて、脅迫したり誘惑したりして、釈尊のさとりを妨害にかかります。しかし、釈尊はよくその襲撃に耐えて、悪魔を降伏し、さとりを開きます。

このときの釈尊の坐禅の姿勢は、右足を左のももの上に、左足を右のももの上に置き、右の掌《てのひら》を下に、左の掌をその上に置いたので、この坐り方を「降魔坐《ごうまざ》」といいます。悪魔が迫って来ると、釈尊は左手を膝の上に置いて、右手を膝の上から外して、第二指で大地を指《さ》したら、悪魔が退散したので、この両手の相を「降魔印《ごうまのいん》」と申します。降魔とは、悪魔を降伏させることとです。

「降魔」については、私に楽しい思い出があります。第二次世界大戦前、私がまだ学生時代の頃です。東京・浅草の観音堂の前の「仏教青年伝道会館」（建造物は現存するが所有者は当時と別人）で、仏教青年伝道会（故安藤嶺丸《あんどうみねまる》師主宰）の企画で、戦争が苛烈になるまで、毎週定例日に仏教各宗派が、輪番式に公開布教を行なっていました。

とくに、毎年十二月七日の夜は、翌八日の釈尊のさとりをひらいた日（成道会《じょうどうえ》）を記念して、前夜祭ともいうべき〝さとりの夕べ〟の行事が開かれるのです。行事のアトラクションには『悪魔問答』という私たち青年僧による素人演劇がありました。みなが釈尊を誘惑しようとする煩悩の悪魔に仮装して、まず伝法院《でんぽういん》に悪魔揃いをし、先頭の修験者がホラ貝を吹き鳴らしながら仲見世街を行進して、前記の会館に向かいます。商店街の人たちは、悪魔行進を逆に〝悪魔払い〟と呼んで、歓迎してくれたものです。

私が悪魔の一員に扮《ふん》した四十年前の青年劇

会場の仏教青年伝道会館の正面の段の上には、〝お釈迦さま〟が神妙に坐禅をしています。その前に、ものものしく威儀を調《ととの》えた多くの国王たちに化けた悪魔が、釈尊に向かい、「つまらぬ修行を止めて故国へお帰りください。そして、私たちを指導する大国王におなりください。あなたは、才能も武力もあるから、転輪大王になることは間違いがない。一刻も早くこの座をお起ちください」と、地位と名誉と権威をもって、釈尊を誘惑しようとしますが、釈尊は動ぜず、前記の降魔坐の姿勢から、右手で地を指す降魔の印で「悪魔よ、去れ」と言うと、この国王たちはすごすごと引き下がるのです。その他、さまざまの悪魔が釈尊を誘惑にかかりますが、成功しません。

やがて、若い女性がうすものを身にまとい〝うるわしのわれらを見たまわずや、うきよ離れし杣人《そまびと》（山の木こり）さえも、愛染《あいぜん》の心起こせしを、貴《とうと》く美しき君よ、いかなれば若き身の楽しみを捨てて、遠きさとりなどを求めたもうや〟と、坐禅中の釈尊の前で歌ったり踊ったり、しなだれかかって、釈尊を誘惑しようとします。

するとと釈尊は、例の降魔の印で「悪魔よ、去れ」と叫ぶと、突然、照明が暗くなります。再びもとの明るさにもどると、先刻の美女は、見る影もない老婆になって、あわてて下手《しもて》へ逃げこんでゆきます。先の国王も美女たちも、いずれも悪魔の大王の使いという構想ですから、使者の悪魔が釈尊の誘惑に失敗すると、いよいよ魔王自らが大音響とともに舞台に現われ、降魔坐から釈尊を引きおろそうと大雄弁をふるい、論戦を張ります。しかし、あえなく釈尊に論破されて、悪魔の大王も退散し、ついに釈尊がさとりを開くという演劇です。

今から四十年以上も以前のことですが、私も悪魔の一員に扮《ふん》したせいか、当時の舞台の様子が、今でもまざまざと思い出されて、懐かしいのです。

これらの悪魔は、釈尊の心中に浮かび出る誘惑の表出であることは、前に記しました。一口に魔とか、悪魔とか言いますが（「魔」は梵語マーラの音訳）、上記の『悪魔問答』に登場する悪魔の系列は、『十二部経』の一つの『相応部経典《そうおうぶ》』に見えます。それによると、「さとりを開く一切のさまたげとさわり」をマーラ（魔）と呼んでいるようです。

もっと突っこんで考えると、善をしたいという自分と善をしたくないという自分と、つまり正反の二人の自分が、外《ほか》ならぬ自分の心中で、互いに相手に勝とうと争って相克する心情も「魔」と考えることができましょう。「悪魔」の悪は、魔の形容です。換言すると、魔とは、善心が、とかく悪心に負けそうになる私たちの心の脆《もろ》さの代名詞です。仏教思想は、人間の心の正反の二重性を魔と呼んでいるといってもよいでしょう。このように見て、あらためて、「髻珠喩《けいじゅゆ》」を読みなおすと、また新しいヒントが得られると思います。

知恵の将軍と、魔軍との大戦争の顚末《てんまつ》

禅書の『碧巌録《へきがんろく》』（碧巌集とも）に「夾山無礙禅師降魔表《かっさんむげぜんじごうまのひょう》」（岩波文庫『碧巌録（上）』所収）という短編のリポートが添えられています。筆者が誰であるかは正確にはわかりませんが、内容は法華経の「髻珠喩」に似て、きわめてドラマ的に描かれているだけでなく、「髻珠喩」の降魔の部分的解説にもなるので、次に、その必要部分をご紹介しましょう。

「降魔表」の「表《ひょう》」は、家来が君主や役所に向けて、自分の心意を表わすために書いた報告文のことです。この場合は、〝知恵〟という天子の家臣である将軍が、〝煩悩〟という魔の大軍が起こした乱を征圧する一部始終を、天子に報告する文書（表）という設定で書かれています。そのはじめの一節を読んでみましょう。

「臣《しん》聞く、善の世界は限りなく、知恵の海も安らかなりと。ときに突如として魔軍蜂起して心の田を荒らせり。眼耳鼻舌身意《げんにびぜつしんい》の六根の欲望の軍力きわめて強し。心は惑わされ、菩提への道は閉鎖されて通ぜず。涅槃《ねはん》（心の安らぎ）の城は破壊され、仏法僧の三宝も損傷す。法財（真理という財宝）は奪われ、煩悩欲の火焔は、天に届くに似たり。臣、この暴乱を見て仏法存しがたきを恐れ、六波羅蜜《ろっぱらみつ》（布施《ふせ》・持戒《じかい》・忍辱《にんにく》・精進《しょうじん》・禅定《ぜんじょう》・知恵《ちえ》、仏道修行者の六つの実践綱目）と協力して、敵の魔軍を破らんとす。まず性空《しょうくう》（すべての現象は作られたものでなく、因と縁との出合いの結果であるとの認識）をスパイとして魔軍を探らせるに、敵はいま五蘊《ごうん》（色受想行識《しきじゅそうぎょうしき》、心身の構成要素）の山中にあって、八万四千の軍兵《ぐんぴょう》（煩悩の数々）あるを知る。

計《はかりごと》は刹那《せつな》にありて、ついに十八界《じゅうはっかい》（六根・六境・六識の、人間が存在するための十八の構成要素）の精鋭をして、空《くう》の真理の城を守らしめんとす」

しかし、魔軍を向こうにまわした将軍の軍団は、悪戦苦闘を続けます。ようやく「何ものにも執《とら》われない、空の真理を知る」般若の精鋭部隊の奮戦のおかげで、最後の勝利を占めることができました。「降魔表」の終わりは、次のように記されています。

「臣、すなわち般若の知恵をもって、一斉に魔軍を襲えり。ときに目に色《しき》を見ず、耳に声を聞かず、心を一にして前進して念々退《しりぞ》かず、かくて魔軍ついに潰走《かいそう》す。妄想を捕虜とし、煩悩の林を悉《ことごと》く伐採《ばっさい》せり。

ここにおいて、ようやく心身の内外は平和となり、ひとしく菩提の岸に到る。魔軍すでに退《しりぞ》く。臣、ここにつぶさに奏聞《そうもん》す」

以上「降魔表」の部分の意訳にすぎませんが、これを読んだだけでもわかることは、自分の心中に巣をつくる煩悩を統御するのが、いかに容易でないかという事実です。興味深く戦いの状況と戦果が記されていますが、人間の心のもろさと、善悪の二律背反が、あらわに告げられています。

私たちのこのような心中のトラブルを、十六世紀の中国の哲学者の王陽明《おうようめい》（一五二八年没）は、「山中ノ賊ヲ破ルハ易《ヤス》ク、心中ノ賊ヲ破ルハ難《カタ》シ、若《モ》シ己《オノ》ガ心腹ノ寇《ゾク》ヲ掃蕩《ソウトウ》シテ、ヨク廓清《カクセイ》（不正ヤ不法行為ヲ払イ清メル）平定ノ実ヲ挙グルナラバ、是レ真ニ大丈夫不世出ノ偉業ナリ」と、心に湧き起こる邪念を払うむずかしさを述べています。

はからずも、都都逸《どどいつ》に見抜かれた凡夫の姿

仏は、人間を超えた全知全能の完全な存在ではありません。人間の心中に蔵されている仏性を自覚したのが仏です。人間であるとともに人間性を超えたのが仏ですから、仏の中にも悪があるのは当然です。仏といえど、われわれと同じく、仏性もあれば、魔性も具《そな》えているのです。

ただ、悪を行なえば必ず苦しまなければならない事実を、よく知るのが仏の知恵といえましょう。この知恵が輝くから、悪心を抱きながらも仏は悪を行《ぎょう》じません。

しかし私たち人間は「悪をすれば、結果的に苦である」と百も承知しながら、誘惑に負けてしまうから凡夫《ぼんぷ》といわれるのです。古い都都逸《どどいつ》の〝こうしてこうすりゃ　こうなると　知りつつこうして　こうなった　そこが凡夫でねえあなた〟に「凡夫の定義」が読みとれるようです。

つまり、凡夫とは無知ではなく、原因と結果とのかかわりあいを百も承知しながら、どうにもならない内心の突きあげに負ける私たちのことでした。ここに凡夫の情と、人間であり

ながら人間を超える仏の知恵との差があるようです。

また仏が全知全能でなく、悪を具えているがゆえに、人間の悪との接触面があるわけです。悪へのいたわりではなく、悪への深い理解が持てるのです。これは、仏教思想の一つの特徴です。

したがって、仏教の大乗思想が「人間は、みな仏性《ぶっしょう》を具《そな》えている」といっても、仏性論は、いわゆる〝性善説〟ではありません。善悪いずれの性をも含み、善悪いずれにもなりうる可能性を持つということです。この意味で、仏性とは善悪に分かれる前の人間の本性である、といわれるのです。〝仏凡同居《ぶつぼんどうご》〟とか〝仏凡並坐《ぶつぼんへいざ》〟などの言葉の真意はここにあります。

〝魔、盛んなれば、法もまた盛んなり〟

〝薬草の生える所に毒草も育つ〟という言葉を聞いたことがあります。また〝法（おしえ）、盛んなれば、魔もまた盛んなり〟とか、〝魔、盛んなれば、法もまた盛んなり〟ともいいます。法とは、真理を求め、善を欲する心や行為です。いずれも、深い体験から生まれた言葉と思われますが、その意味で〝仏凡同居〟を、さらに〝仏魔同坐〟と言い換えても変わりありません。

「降魔《ごうま》」というと、いかにも悪魔を完全に屈服させた完全勝利のように聞こえますが、煩悩という名の悪魔は、人間が生きているかぎり征服できるものではありません。したがって煩悩を断ずる・滅するといっても、正しくは煩悩を整理整頓するという意味であるように、降伏も屈伏させることでなく、仏教用語の「調伏《じょうぶく》」の意に採《と》るのが降伏の正しい解釈だと考えます。

調伏は調和制伏《せいぶく》の約語で、〈心身をととのえ鎮めること・身のあり方を正しい状態にととのえ、悪をおさえ除くこと〉（中村元編『仏教語大辞典』）です。「悪をおさえて除く」とは、悪を整頓する、悪をコントロールすることです。この心で先の「降魔表」や「髻珠の喩」を読むと、調伏のために、仏道修行者の実践綱目である六波羅蜜《ろつぱらみつ》や八正道《はつしようどう》が計《はかりごと》として、戯曲的に象徴されている手法が、よく理解できるでありましょう。

私は、一休さんの〝仏凡同居〟から多くの示唆を受けます。人生をよく演劇にたとえられますが、事実そのとおりで、さまざまの配役によって一座が成り立つのです。善人だけで舞台が盛りあがるものではありません。悪人役の演技が真に迫れば迫るほど、善人役は影が薄いようですが、観衆の善人役への共感は高まっていきます。〝魔、盛んなれば、法もまた盛んなり〟は、悪の横行するところ、善もまたそれに比例して行なわれていく、と解するとよくわかります。

現代の社会は、たしかにこれまでの過去には見なかった深刻な悪事が行なわれています。いわゆる世紀末の様相を示すと歎かれるゆえんです。しかし、今にも崩壊しそうな社会の秩序が辛《から》くも保たれているのは、悪の暗黒の反面に善を行ない、真理を求めている営みが人の気づかないところで行なわれているからです。大々的に社会の暗黒面を報道するマスコミが、たといコラム欄ででも、ささやかな篤行《とっこう》を知らさずにはおれないのを見ても、人間の心には絶えず悪を調伏したい良心が躍動しているのがわかります。

「髻珠喩《けいじゅゆ》」において、転輪王が王位の象徴である自分のもとどりの中の明玉を家臣に与えれば、家臣と王様とは同格になります。ということは、この比喩が並の人間、つまり凡夫でも、仏になれるという「悉有仏性《しつうぶつしょう》」の思想の象徴であることを知ります。

しかし、こうした大乗思想は、仏と衆生との間に一線を画する、いわゆる小乗の人たちには、信じられないだけではなく、尊厳なる仏を冒瀆する危険思想としてしか映《うつ》らないことでしょう。法華経教団の思想内容が明らかになれば、世間に大きな反響を呼ぶことは確実です。

法華経グループが、これまで明かさなかった法華経の思想を説き示すなら、小乗教徒はもとより、大乗仏教の思想と相容《い》れない多くの信仰グループから、烈しい非難を受けるのは確かです。このことを考えると、「髻珠喩」はまた、法華教徒が将来にかけて、迫害を受けるであろうと、暗に示しているようにも読みとれます。

「安楽行《あんらくぎょう》」――法華経グループの戒律

それは、髻珠喩が説かれている本章の「安楽行品《あんらくぎょうほん》」の中で、釈尊が亡くなった後、どのように法華経を説けばよいかとの文殊師利《もんじゅしり》の問いに、釈尊が答えた内容を読めば察せられます。この経のいう「安楽」は、正しい行為と正しい考え方によって得られる、心身の安らぎをいいます。つまり法華経の教えを伝道し、実践する法華経行者のあり方を、身《しん》・口《く》・意《い》・誓願《せいがん》の四項について具体的に示されているので、「安楽行品」は「法華経グループの戒律」でもあります。

たとえば「身安楽行《しんあんらくぎょう》」では、若い女性や国王・大臣などの権威者に近づくなとか、「笑うときは歯ぐきを見せるな」といったマナーも説きます。

「口安楽行《くあんらくぎょう》」は説法の態度・作法が中心です。「他の教えをそしるな。法師や比丘《びく》の悪口を言うな。質疑を受けたときは争論することなく、仏の知恵がさとれるように答えよ」など、現代の伝道者が心すべきことを、詳しく説きます。

また「意《い》安楽行」では、相手の心を不安にしたり、疑念を起こすことのないようにとの注意を与えます。たとえば「お前たちの心は、仏のさとりからはるかに離れている。それはお前たちが怠けているからだ」などと、他人の心中に動揺を起こさせてはならない――など。ほんの一例ですが、現代の伝道者や教化の任にある者、会社の責任者などにも、よき忠告となります。

このように細かい事項が列挙されているのは、法華行者としての求道的な意味あいだけではないようです。近い将来、必ず心の狭い小乗教徒や異宗教の信奉者から、法華経思想への迫害が起こることを慮《おもんぱか》っての戒告とも考えられましょう。

四つの安楽行の最後は、「誓願安楽行」と呼ばれています。釈尊の滅後、多くの人々が、法華経の教えを聞かず・知らず・さとらず・問わず・信ぜず・理解せずとなったときには、「しかし自分（法華行者）が法華経の教えを得たら、誓って彼らにその教えを説き、理解させようとの願いを持つ」というものです。

そして、このように安楽行を備えた法華行者は、「釈尊の入滅後にあっても、他から妨害もされず、必ず多くの人たちから尊敬されるであろう」との証明の言葉で、この章が結ばれるのです。

理想の仏教者像をめぐる、聖徳太子の異論

最後に、この章における、もう一つの重大な問題点を学習しておきたいと思います。それは第一の安楽行に「常に坐禅を好み、閑《しずか》なる処《ところ》に在りて、その心を摂《おさ》むることを修《なら》え」（『法華経』中・246ページ）、および偈文《げぶん》に「閑なる処に在りて、その心を摂むることを修い、安住して動ぜざること須弥山《しゅみせん》の如くせよ」（同254ページ）と説かれてある点です。意味は簡単で「静かな山林などで坐禅をして、心を散らさぬように不動のこころを修行せよ」と、行者に説きます。

ところが、この釈尊の経説に異を唱えた人がいます。それが、日本史上の偉人で、しかもいつの時代にあっても、多くの人から尊敬される聖徳太子《しょうとくたいし》です。太子は、三十一代の用明《ようめい》天皇の皇子ですが、後に、用明天皇の妹に当たる推古《すいこ》天皇が三十三代の帝位に就《つ》くにあたり、皇太子となります。推古天皇は日本ではじめての女帝です。太子は摂政《せっしょう》となって天皇をたすけ、政治・外交に力をそそぎ、日本の国家体制をととのえ、中央集権的国家をつくろうとされた画期的な政治家であるとともに、また仏教を正しく信じ、その興隆に力を尽く

し、法隆寺・四天王寺・中宮寺《ちゅうぐうじ》・元興寺《がんごうじ》などを建立されました。親鸞聖人が、太子を〝和《わ》国《こく》の教主聖徳王《しょうとくおう》〟（『正像末浄土和讃《しょうぞうまつじょうどわさん》』八）と賛《たた》えるゆえんです。

しかし聖徳太子は、当時の新鮮な外来の仏教思想を、無条件で受け容《い》れたのではありません。太子は、鋭い批判の眼で経典を読みます。たとえば、前記の安楽行の一節「常に坐禅を好み、閑なる処に在りて、その心を摂《おさ》むることを修《なら》え」についても、次のような意見を述べています。

「言うこころは顚倒分別《てんどうふんべつ》の心有るに由《よ》るがゆえに、此《ここ》を捨てて彼《か》の山間《やまのあいだ》に就《ゆ》きて常に坐禅を好むなり。然《しか》れば則ち何の暇《いとま》ありてか、此の『経』を世間に弘通《ぐつう》することをえん」（岩波文庫・花山信勝《はなやましんしょう》校訳『法華義疏《ぎしょ》』下・190ページ）

（「法華経・安楽行品」のいわんとするところは、真理を正しく理解せず、また相対的発想に落ちるのを捨てるために、山中へ出かけて坐禅を求めるのだ。それだったら、法華経を世間に弘《ひろ》める時間がどうしてあるのか！）

太子は「世間と山林と二つの分（別）ける考え方が、真実をさかしま（顚倒）に理解する誤った世界観だ」とし、「そうした坐禅にとらわれてはならぬ」とするのが、法華経の思想であると、本文を読み替えるのです。聖徳太子によれば「真の坐禅は、一般社会に生活していて、しかも俗の世界にとらわれず、日常そのものが坐禅でなければならぬ。「俗に在《あ》っても山に在るように、山に住んでも俗に生きるように」と、山林と世間を区別しない生き方こそ、理想としたのです。言い換えると、在家人（一般の生活人）とは、在家と出家との区別ではなく、「社会人として仏教を信じ、実践する人」で、これが太子の理想の仏教者像でした。

聖徳太子には、法華経・維摩経《ゆいまきょう》・勝鬘経《しょうまんぎょう》の三経典に独自の注釈を加えた『三経義疏《ぎしょ》』があります。太子が膨大な仏教書蔵の中から、とくにこの三経を選び出したその眼力は、実にすばらしいではありませんか。すなわち、大乗仏教思想の象徴として法華経を、女帝の推古《すいこ》天皇のために勝鬘夫人《ぶにん》という女性が講説したとする勝鬘経を、また太子自身の仏教的在家生活の範として、在家人の維摩居士《ゆいまこじ》をヒーローとする維摩経を注釈（義疏）されたのです。

太子は、どの義疏にも、冒頭に「此《これ》は是《こ》れ、大委国上宮王《やまとのくにかむつみやのみこ》の私集《わたくしにあつむるところ》、海彼《わたのあなた》の本《ほん》には非《あら》ず」と記して、従来の定説的解釈と異なる点を明らかにします。そして太子は、自分の考えと一致しなかったり共鳴できないときは、はっきりとその旨《むね》を述べて、自分の意見を記します。たとえば、前記のように、自分の注釈を加える前に「私意《しい》は少しくし安らかならず」（自分はこの考えに不満である）と断わってあります。

太子の義疏は、このように、ときとして経典中の釈尊の説に反しますが、実は、それによって釈尊の真実の教えが正しく承継されるとともに、正しく弘く展開されるのです。

思えば、どんな宝玉も、持つ人によってその価値は変わるようです。たとえば貴重な指環も、素養のある人が指にすれば、その人もきわだち、手の指環も輝きを増すでしょう。その反対が、いわゆる〝ブタに真珠〟で、せっかくの宝玉も無意味・無価値になります。髻珠《けいじゅ》は聖徳太子という〝和国の教主〟によって、さらに輝きを増したわけです。

さて、このように多くの人から信じがたいとされる最高の教えとは、どのようなものでありましょうか。

それは、次の「医子喩《いしゆ》」によって示される久遠《くおん》（永遠）の生命による教えです。医子喩は、父である医師と病《や》める子とを登場させて、久遠の生命を象徴させます。

9章

〈法華経・如来寿量品《にょらいじゅりょうほん》〉

〝永遠の命《いのち》〟を目指《めざ》して――「医子《いし》の喩《たとえ》」

――この比喩に秘められた五つの教えは、何を語りかけるか

いま、はじめて明かされる法華経の〝真実〟

「医子《いし》の喩《たとえ》」は、法華経第十六章「如来寿量品《にょらいじゅりょうほん》」（寿量品《じゅりょうほん》）で語られる比喩です。この比喩は「仏のいのちの不滅の真実」を、名医の父と病《や》めるわが子との譬《たとえ》話で語ります。また「医子喩」で表わされる「寿量品」の内容は、先の「髻珠喩《けいじゅゆ》」が示唆するように、これまでに説かれなかった法華経の中心思想が、はじめて明らかにされるというもので、きわめて大切な一章です。

釈尊は、まず説法の最初に「これから私が言うところを正しく信じ、正しく理解せよ」と三度まで念を押し、弟子たちにも確認させます。三度までも念を入れるところに、次に説かれる教えが容易でないことが察せられます。「寿量品」のはじまりの部分は、

「汝らよ、諦《あきら》かに聴け、如来の秘密・神通の力を。一切世間の天・人《にん》および阿修羅《あしゅら》は、みな、今の釈迦牟尼仏《しゃかむにぶつ》は、釈氏の宮を出でて、伽耶城《がやじょう》を去ること遠からず、道場に坐して、阿耨多羅三藐三菩提《あのくたらさんみゃくさんぼだい》を得たりと謂《おも》えり。然るに善男子よ、われは実に成仏《じょうぶつ》してより已来《このかた》、無量無辺百千万億那由他劫《むりょうむへんまんのくなゆたこう》なり……」（『法華経』下・12ページ）

と、驚くべき真実が格調高く発言されるのです。しかし、「寿量品」のことばはむずかしいので、わかりやすいように現代文に意訳し、さらに少し言葉を加えて左に掲《かか》げます。

「人々よ、世間では私のことを〝紀元前四六三年にネパールのカピラヴァットゥに住む釈迦族の子に生まれ、三十五歳のときに中インドのガヤ城に近い菩提樹《ピッパラ》の下でさとりを開き、私がはじめて仏に成った〟と考えているようだ。

しかし真実はそうではない。私は、はるかに遠い遠い昔、とても数や量では計算できないほどのはるかなる昔（無量無辺百千万億那由他劫）に、すでに成仏した、仏《ほとけ》を完成したのである。そして、いま、私はこの霊鷲山《りようじゆせん》（中インド王舎城《おうしやじよう》の東北にある山名、釈尊説法の地）で説法しているが、実はこの娑婆世界《しやばせかい》（現に私たちが住んでいる所）に限らず、いたる所で、今も私の説法は続けられているのだ。

私は、本当は久遠の昔にさとりを開いたのにもかかわらず、なぜ〝三十五歳のときにさとりを得た〟と言うのか。それは、人々を教化して、ともに仏道に入らしめるための方便に他《ほか》ならない。

私が過去に修行をして得た〝如来（仏）のいのち〟は尽きることはない。しかし人々を目覚《めざ》ましめるために、私はいま死につこうと思う。それは〝この世において仏とめぐりあうことは容易に得られない〟事実を、みなに知らすために他《ほか》ならない」(『法華経』下・12ページ以下抄出)

と、理由を説明します。そして、この真実をよく理解させるために、次の「医子喩《いしゆ》」を語るのです。

名医である父の与える薬を拒《こば》む重症患者の息子

名医がいた。どんな難病でも治すことができた。彼はまた多くの子どもを持つ父でもある。彼の旅行中に、子どもたちが何かに中毒して、病み苦しむ不幸が起こる。折よく、そこへ父が旅から帰って来る。

父のすがたを見た子どもたちは、苦しい中からも喜んで父を迎えて、「私たちの苦しみを早く治してください」と頼む。

父の良医は早速《さつそく》、飲みたくなるように、見た目にもきれいで、よい香りのする薬をつくって「さぁ、早く飲みなさい」と子どもらにすすめる。症状の軽い子は、すぐに飲んだので直《じき》に治ったが、重症の子は、毒が体に深く入りこんで、心も平静を欠いているので、薬の色や香りが気にいらず服薬する気になれない。

良医の父は、どうしたら可愛い重患のわが子たちが薬を飲む気になるだろうかと思い悩む。ついに一法を講じて、子どもたちに言う。

「私もこんな老人だから、やがて死ぬだろうが泣き悲しむな。ここに私が調剤した薬を置くから、飲みたくなったら飲むがよい」と言い残して、彼は遠い旅に出る。そして旅先から、人をして「父が死んだ」と偽りの知らせを送る。

父の死の報を聞いて、子どもたちは歎き悲しみ、父を恋い慕《した》ううちに、父の最後の言葉を思い出して、父が遺《のこ》してくれた薬を飲む気が起こり、ようやく病いが癒《い》える。父は、この報を聞いて旅から帰り、元気になった子どもたちを見て喜ぶ（『法華経』下・22ページ以下抄意）。

素朴といいましょうか、きわめて単純な比喩のように思えますが、よく味わうと、数々の示唆が秘められていることを知ります。まず第一に、「父が死んだ」と知らされて、残された子どもたちは、よるべのない孤独の悲しみに打ちひしがれるものの、父の死の衝撃によって、はじめて迷いから醒《さ》めるという点です。

「医子喩」について、釈尊はこう教えます。「私がいつまでも生きていたら、人々は甘えてしまい、いつになっても私に教えを求めようとはしないであろう。私は、人々の甘えを戒めるために、方便を設けて稀《まれ》にしかこの世に現われないと説くのだ。すると、人々は驚き悲しんで、私の教えを聞くであろう――」と。

罪の意識を持たぬ悪行こそが、身を滅ぼす

釈尊のこの言葉で「医子喩」の設定の意味と、比喩の中の「良医」は釈尊、「中毒の子どもら」は迷える私たち、そして、「妙薬」はよき教えであることがすぐにわかります。〝いつまでもあると思うな親と金《かね》〟という古いことわざもまた、「医子喩」の解釈によい助言となります。

いつの時代でも子どもは、とかく父親を煙たがり、父の小言《こごと》や指図《さしず》をうるさがるものですが、父がいなくなってはじめて、父の存在の大切さに思いあたることがあるものです。この比喩もそんなことを踏まえて、病床に臥《ふ》す子どもたちは、父の死後になってようやく、父が調合してくれた薬（教え）に気づくという構成になっているのです。

次に、「医子喩」の語る「毒が体に深く入りこんで、心も平静を欠いているので、服薬する気になれない」の中に、現代人の多くの精神的苦悩を読みとるべきでしょう。私たちは、頭痛がするとか体が熱《ねつ》っぽいと自分が気がつくときは、すぐに服薬したり、医療を受けたりするので大事に至らずに済《す》みます。

ところが、難病といわれる病気の多くは、本人が自分では健康だと信じているうちに病勢が進むものです。その結果、気がついたときにはすでに手遅れであったという悲劇を、私たちは毎日のように見聞きしています。

肉体だけでなく精神の上でも同じことがいえましょう。「われ過《あやま》てり」との自覚症状を感じる場合は、謝罪や懺悔《さんげ》によって罪過を深めずにすみますが、悪事をしながら、悪事をしたという自分自身に対する意識、つまり自意識のない人ほど救済のむずかしいものはありません。ちょうど自覚症状のない病気がその人の命取りとなるように、罪の意識を持たぬ悪行は、本人の人間性喪失という重患につながるのです。

法華経には、二人の〝釈尊〟が登場する

第三に、「医子喩」には、次の大切な伏線が張られているのを知ります。それは、良薬を

病児たちに遺《のこ》したまま、再び旅に出て、旅先から「死んだ」と報ずる良医の父の釈尊と、子どもらが全快したのを知って帰国する、良医の父の釈尊とは〝別次元の釈尊〟だということです。つまりこの喩えは、肉体を持つ歴史上に実在する、有限の生命を持った人間・釈尊と、肉体を持たず、歴史を超越した永遠の真理（法）の象徴としての釈尊という二人の釈尊がいることを示唆しているのです。言い換えると、生身《なまみ》の釈尊への信仰から、真理を身《からだ》とする高次元の釈尊に対する信心へと転身せよという教えが、「医子喩」に盛られているのです。人格的釈尊信仰から、法の釈尊信心をすすめる教えの大転回が、この比喩に語られているのです。

法華経の設定によると、このとき釈尊は齢《よわい》八〇歳に近く、入滅直前の時点で、マガダ国の首都王舎城《ラージャグリハ》の郊外の霊鷲山《りょうじゅせん》で「寿量品」を説いているのです。釈尊にあっては、有限の自分に対する人格信仰よりも、自分がさとり、また誰もがさとりうる永遠のいのちを持つ法信心（真理を信ずる）へと、次元を高める教えを説くのが、最後の説法でなければならないと決意されたのです。

その深遠な思想を理解させるために、先の「医子喩」を説く必要があったのです。しかし、死んでいない父を死んだと偽ったところに問題が残ります。釈尊と弟子たちは、この点について次のような問答をします。

「諸《もろもろ》の善男子《ぜんなんし》よ、意《い》においていかん。そもそも、人の能《よ》くこの良医の虚妄《きょもう》の罪を説くものありや」と。「否《いな》なり、世尊《せそん》よ」と。仏は言《のた》もう。「われも亦《また》かくの如《ごと》し、成仏《じょうぶつ》してより已来《このかた》、無量無辺百千万億那由他阿僧祇劫《むりょうむへんなゆたあそうぎこう》なり。衆生《しゅじょう》のための故に、方便力《ほうべんりき》をもって、『当《まさ》に滅度《めつど》すべし』と言うも、またよく法の如く、わが虚妄《きょもう》の過《とが》を説くもの有《あ》ることなからん」と（『法華経』下・28ページ）。

（「汝《おんみ》らよ、どう思う？　かの医師が方便を用いたのを、嘘つきだとして、この医師を非難する者があるだろうか」、「いや、そんなことはありません」と弟子が答えると、仏は言われた。「我《われ》も遠い昔に成仏して以来、今日までの長い間、人々のために方便として〝私は死ぬであろう〟と言うが、それは真理のままを言うので偽《いつわ》りではない」と）

「事《じ》の釈尊」と「理《り》の釈尊」とは、どこが違うか

いま述べたように、法華経には〝二人の釈尊〟が登場していらっしゃいます。その点を、いま少し整理してみましょう。

その一人は、申すまでもなく歴史上の「釈尊」です。大乗仏教では、この世に生まれ肉体を具えた歴史上の釈尊を「事《じ》（事実）の釈尊」として敬《うやま》い、事の釈尊がさとられた法を「理《り》（真理）の釈尊」として信心の対象といたします。事の釈尊は肉体を持つ人間ですから、私たちと同様に滅するところの時間的存在です。いま釈尊が「私は死ぬであろうと言うが、それは真理のままを言うので偽りではない」と言われるとおりです。

理の釈尊は、事の釈尊と違い、肉体がありませんから、生まれることもなければ死ぬこともない、不生不滅の久遠《くおん》の存在です。〝もう一人の釈尊〟とは、この不滅の理の釈尊のことです。事の釈尊と理の釈尊とが、ともに同じ「釈尊」の名で法華経を説いているのです。そのわけは後に学ぶことにして、事と理の二人の釈尊のかかわりあいを、まず考えてみることにいたします。

たとえば、万有引力を発見したニュートンは一六四二年に生まれ、一七二七年に亡くなりましたが、引力はニュートン以前から存在し、ニュートンが死んでもなくなることなく、永遠に存在します。そこで仮に、人間のニュートンを〝事のニュートン〟、引力を人格化して〝理のニュートン〟と呼ぶとしたら、どうでしょう。二人の釈尊のかかわりあいと内容の違いも、理解されましょう。

理の釈尊は、法の人格化ですから〝法身仏《ほっしんぶつ》〟とも呼びます。法身仏は、すがたがないから私たちの目には見えません。法華経の「寿量品」では、目に見えない法身仏の釈尊が、目にうつる人間の釈尊の相《すがた》に応《あら》われたと信じて、事の釈尊を〝応身仏《おうしんぶつ》〟とか〝化身仏《けしんぶつ》〟とも称します。応身は、身を応《あら》わす、化身は法身を肉身に変化するの意味です。

中国の天台教学を確立した智顗《ちぎ》（40ページ）は、理の釈尊・法身の釈尊を本地《ほんじ》（根源）の仏として「本門の釈尊」とします。「門」は総合の意で、あらゆる真理や教えが、本門の釈尊に統一・総合されると考えるのです。そして本門の釈尊を信心の対象とします。

智顗はまた、事《じ》の釈尊、すなわち歴史上の釈尊を「迹門《しゃくもん》の釈尊」とします。「迹《しゃく》」は、人間にあらわれた相《すがた》の意です。迹門の釈尊は、前記の応身仏です。

法身の釈尊・本門の釈尊を信心の対象とするところに、人格信仰や偶像崇拝を超えた「寿量品」の思想の深さがあります。ひいては、法華経の教えの高さもここにあるといえましょう。言い換えると、法華経は、当時インドで信じられていたさまざまな自然崇拝や教祖崇拝の教えはもちろん、初期の仏教思想を総合・統一し、さらに、それを超越した高次の大乗思想を生んだのです。

結局は、「事《じ》の釈尊」も「理の釈尊」も一体である

さらに智顗《ちぎ》は、法華経の全二十八品（章）の前半十四品を迹門《しゃくもん》の教え、後半十四品を本門の教えに二分します。つまり、前半はブッダガヤでさとりを開いた〝事《じ》の釈尊〟の説法で、後半は「寿量品」で示される〝理の釈尊〟の説法と解しています。したがって、「寿量品」以後は、人間釈尊ではなく、釈尊がさとった真理（法）そのものが説法する、法が法を説くという、いまだかつてない思想が展開されているわけです。

しかし〝本門・迹門の釈尊〟、あるいは〝法身《ほっしん》・応身の釈尊〟というと、ともすると歴史上の釈尊と真理の釈尊とに二分化され、ランクづけされた印象を受けます。

こうした二分化の印象を一つにまとめるのも、また「医子喩」なのです。病児のもとへ旅から戻って薬をつくり、再び旅に出て「死んだ」と伝えられた釈尊が、迹門の釈尊です。そして子どもが全快してから帰国する釈尊が本門の釈尊です。「亡くなったと報じられたが、実は亡くなったのではなかった」という言葉のあやに〝二人の釈尊〟の一人化が感じとれます。子どもたち、つまり迷える人々は、父（迹門の釈尊）の死によって迷いが醒《さ》めて、はじめて父（本門の釈尊）にめぐりあえるのです。

尋《やが》て（父）便《すなわ》ち来り帰りて、咸《ことごと》く（子どもたちを）、これ（父）に見《まみ》えしむ（『法華経』ト・28ページ）。

と「医子喩」は、迹門の父と本門の父とを同一人格に見ます。つまり、〝二人の釈尊〟を同格に見ることを示唆するのが「医子喩」の第四の教えです。教義を説く上では、一応は事《じ》と理《り》の二人の釈尊に分けますが、究極においては、事と理の釈尊を一体の釈尊として信奉します。

たとえば、禅門では「南無本師《なむほんし》釈迦如来大和尚」と唱えます。「本師」は根本の師、釈迦如来は本門の釈尊、「大和尚」は迹門の釈尊のことで、この唱号にも、事の釈尊と理の釈尊の一体化が読みとれます。

また、「医子喩」で「父が生きて帰る」とありますが、それはキリスト教思想の〝復活〟とは、まったく意味が違います。それが「医子喩」の第五の教えです。復活は、人間が死後に再び生命を回復することですが、「医子喩」の父は本当は死んではいません。父が死んだとの報知は、迹門の釈尊の死を意味しますが、迹門の釈尊に宿るさとりの真実、すなわち、本門の釈尊は不滅です。したがって「尋《やが》て便《すなわ》ち来り帰りて咸《ことごと》くこれに見《まみ》えしむ」と、「医子喩」は結んでいるのです。

「見《まみ》ゆ」とは、会う・お目にかかることで、ここでは仏にめぐりあったことを示します。すなわち、さとりを得た、こころの目が覚《さ》めたの意味です。医子喩は、このように数々の示唆を与えてくれるのです。

父の急死によって、目を覚《さ》まされた私

再度の私事で恥じますが、私など父の生存中は一向に父の教えがわかりませんでした。教えを聞くのではなく、むしろ聞くまいという反抗心が強かったからです。いわば、良薬を差し出されても手にしなかった「医子喩」の子どもと同じです。そんな私でも、父の急死によって目が覚めました。いや、父が目を覚まさせてくれたのです。

私は、父と死別してからすでに五十年近くになります。不思議なことに、父の言葉にまったく聞く耳を持たなかった私ですが、父の死から半世紀も経た今日になって、記憶にないはずの記憶が一つ一つはっきりと思い出されるのです。私にも、やはり〝迹門の父〟と〝本門の父〟とがあります。いま亡父の言葉を思い出させてもらえるところに、「父は死んだが、生きて私の側に今もいてくれる」事実が、はっきりわかります。読者の方々にも同じような経験がおありでしょう。

それは、「思い出させよう」という亡父の慈愛が、私の上に甦《よみがえ》ったのだとしか言いようがありません。それはまた、記憶にない記憶を思い出させる機能が、私たちの心中に具《そな》えられているからでしょう。その機能も仏性のはたらきの一つですし、思い出せるのは縁の力でもあります。

思えば、親に限らず、よい教えや忠告は、それを与えてくださる人が生きている間は容易に理解できません。目覚める縁にめぐりあっていながら目覚めることのできないのは、自分の我が強いからです。その人が亡くなり、自分のエゴに気がついてはじめて、その教えにめぐりあえたと実感する悔いも、人間の持つ性《さが》でしょうか。「医子喩」に触《ふ》れて、こんな感慨が私にも起こりました。

寿量品はまた、次のように語りつづけます。

「如来は見ることを得《う》べきこと難《かた》し」と。斯《こ》の衆生等《しゅじょうら》は、かくの如き語《ことば》を聞きて、必ず当《まさ》に遭《あ》い難《がた》きの想《おもい》を生《な》し、心に恋慕《れんぼ》を懐《いだ》き、仏を渇仰《かつごう》して、便《すなわ》ち善根《ぜんこん》を種《う》うべし。このゆえに如来は、実には滅《めつ》せずといえども、しかも滅度《めつど》すというなり」（『法華経』

（下・22ページ）

「仏に見《まみ》（めぐりあ）えることは容易でない」と知らされ、遭いがたきの思いから、いよいよ〝如来に恋慕せよ〟と教えるのです。恋慕とは恋い慕うこと、仏に思い焦《こが》れ仏を愛し慕うことです。恋慕というような生臭いことばが法華経に見えるのを、意外視されるかもしれません。しかし、『地蔵経』にも「瞻恋《せんれん》」（仰ぎ恋する）という熟字が見えます。

たまたま、昭和五十七年の夏の甲子園の高校野球で優勝した池田高校の蔦文也《つたふみや》監督が、人生の生き方をインタビューで問われて、端的に言ってのけます。「何事でも好きになるのが一番じゃ、人生とはそれだけじゃ」と。釈尊が現代人だったら、蔦監督と同じ口調で、「よき教えにめぐりあえるのは容易でないから恋慕せよ」といわれるでしょう。

私たちも、情熱をしずかに燃やし、よき教えに恋慕しようではありませんか。

記憶喪失の青年を救った一曲の歌

法華経の構成は、たびたび申しますように、どうしたら、めいめいが本来所有している仏性をさとらしめることができるであろうか——との教案から組み立てられているといえましよう。

私たちは、仏性をもともと具《そな》えておりながら、お互いに、その事実を忘れているのにすぎないのです。ゆえに、忘れている真実を思い出させるのが教化のねらいであり、思い出すように修行するのが仏道に他《ほか》なりません。

一昨年でしたか、晩秋の小雨が降るうら寒い夕方、福岡県の志摩《しま》海岸を夢遊病者のように彷徨《さまよ》っていた一青年がありました。警察が保護して調べたところ、重い記憶喪失症のために、氏名住所も両親や家族の名も失念しているのです。やむなく、保護した海岸名をとって、“志摩太郎君”の仮名で入院治療を受けさせました。

入院して一カ月近い十二月も末の夜のこと、志摩君と同室の患者が、ラジオで、甲斐《かい》バンドが演奏する『翼あるもの』という曲を聞いているのを、傍《かたわ》らで聞いていた志摩君が、突如烈しい頭痛を訴えます。駆けつけた病院の医師が治療を加えるうちに、志摩君の忘れた記憶が蘇《よみがえ》り、自分の姓名をはじめ、東京の住所や両親の名も、また通学中の大学名も、すらすらと思い出します。病院から電話で呼ばれた両親が東京から駆けつけて、本人であることを確認して、事件はめでたく解決しました。

病院の発表によると、この青年は大学の講義やアルバイトなどから受ける精神的苦痛を、忘れたい、忘れたいと異常なまでに思い悩みつづけるうちに、精神的な何かのショックが作用した症状で、一人称が欠落した「限局性健忘症《げんきょくせいけんぼうしょう》」と診断されていました。

私はこの記事を読んで、志摩太郎君を気の毒に思うとともに、現代人の私たちも、大なり小なりの〝一人称欠落の限局性健忘症〟にかかっているような気がしてなりません。〝一人称欠落〟とは、文法でいう第一人称、つまり、「自分・われ」などの自称が脱《ぬ》け落ちて、自分がわからなくなり、わからなくなったことも忘れた病状といえるでしょう。〝自分がわからなくなった〟とボヤくのは、この病気の軽症患者であるのかもしれません。

志摩太郎君は、忘れた記憶を思い出した瞬間が病気全快のポイントでした。喪失した記憶が思い浮かんだ刹那《せつな》に度《すく》われたのです。彼を助ける縁になったのは、甲斐バンドの『翼あるもの』で、後でわかったのですが、この曲は彼が平素愛好する曲の一つだったそうです。もし彼に愛好曲が一つもなく、またその愛好曲にめぐりあえなかったら、彼はいつまでも病人であったかもしれません。縁の大切さを感じさせられますが、何よりも、忘れていた事実を思い出し、気づくことが度《すく》われるのと同じ意味である、ということを、前に学んだ西条八十さんの作詩『かなりや』の教えとあわせて、心に留めておきたいものです。

仏は、常にここで説法している

「寿量品《じゅりょうほん》」冒頭の「われ、実に成仏してより、数量ではとても計算できないほどの時間を経ている」（246ページ）ということを、仏教用語で「久遠実成《くおんじつじょう》」といいます。

「寿量品」は、ほかの章や他の経典にも見られるように、リズミカルな詩（偈《げ》という）で結ばれています。「寿量品」は、その第一句が「自我得仏来《じがとくぶつらい》」（我、仏を得てより来《このかた》）ではじまるので、「自我偈《じがげ》」として有名です。その数行を読んでみましょう。

「われ、仏を得てより来《このかた》　経たる所の　諸《もろもろ》の劫《こう》数は　無量百千万　億載阿僧祇《おくさいあそうぎ》なり。常に法を説きて　無数億の衆生を教化して　仏道に入らしむ　それより来《このかた》　無量劫なり。衆生を度《すく》わんがためのゆえに　方便して涅槃《ねはん》を現わすも　しかも実には滅度せずして　常にここに住して法を説くなり。　われは常にここに住すれども　諸《もろもろ》の神通力をもって　顛倒《てんどう》の衆生をして　近しと雖《いえど》もしかも見ざらしむ」（『法華経』下・28、30ページ）

（私は成仏してから無限大の時間を経ている。この間つねに法を説いて無数億の人々を教化した。いま私は衆生を度《すく》う方法として死ぬが、しかし実際には死なずして、つねにここで説法をしている。しかし神通力でもって、迷っている衆生には、私が近い所に立

っているにもかかわらず、その姿を見せしめない）

自我偈の内容を、私たちはすでに「医子喩」で習いました。いま読んだ「常に法を説きて」（常説此法《じょうせつしほう》）は、いつも、ここで、説法しているというのです。

ある日、私が朝日カルチャーセンターで自我偈の講義をしていると、聴講者の中老の紳士が休憩時間に私に話しかけてくれました。

「僕は、二年前に家内を亡《な》くした。悲しいが、死んだ妻は骨になって墓にいるとあきらめていたが、そうではなかったのですね。〝常説此法《じょうせつしほう》〟で、いま、ここで亡き妻が私に説法していてくれるのです。今まで、この事実に気づきませんでした」と、しみじみとした口調で言われました。その人の表情と口調《くちょう》が、今でも私の印象に鮮烈に残っています。人生の真実の意味が身に応《こた》えて本当にわかるのは、愛する血縁者と死別したときです。その意味でも、先の「医子喩」がまた、印象深く思い出されます。

「二十五歳の父、百歳の子」――こんなことがありうるか

自我偈《じがげ》に「無数億の衆生を教化《きょうげ》す」というのも、けっして大ボラではありません。久遠

に法が説かれてあるのですから、無限の衆生が救われる可能性があるのですが、私たちは、この事実に気づかないだけです。「無数億の衆生の教化」について、法華経第十五品の「従《じゆう》地涌出品《じゆじゆつほん》」に、次のような比喩による記述があります。

釈尊が説法していると、にわかに大地が震動して無数の菩薩（修行者）が、地の底から“湧き出る”のです。説法の座にいる弟子たちが釈尊に「この菩薩がたは、どういうお方でありますか？」と聞きます。すると釈尊は「彼らは、私がこの娑婆世界で教化した者である」と答えるので、みんなびっくりして、「今の師のお言葉は、私たちには理解できません。師は三十五歳でさとりをお開きになってこのかた、まだそれほどの年月も経ていないのに、師から教化された菩薩の数が無量無辺で、その一人ひとりがみな大徳の士である、とはどうしてもわかりません」と質問します。それは当然の疑問です。つづいて、一同に代わって質問する弥勒《みろく》菩薩の言葉が、またおもしろいのです。

「世尊よ、かくの如《ごと》きの事《じ》は世の信じ難《がた》き所なり。譬《たと》えば人あり、色美《うるわ》しく、髪黒くして、年二十五なるに、百歳の人を指《さ》して『これわが子なり』と言い、その百歳の人もまた、年少のものを指して『これわが父なり、われらを生育《しょういく》せり』と言うに、この事《じ》

信じ難きが如く、仏もまた、かくの如し」（『法華経』中・314ページ）
（顔色さわやかに髪の色つややかな齢《よわい》二十五歳の若者が、百歳の老人をつかまえて「これは私の子どもだ」と言い、その百歳の老人もこの若者を指《さ》して「この人は私の父で、私をよく育ててくれました」と言ったところで誰も信じないでしょう。師のお言葉もそれと同じで、とても信じられません）

弥勒の質問は当然です。

弥勒菩薩は実在の人物ではありません。仏教では、弥勒は、現在修行中であるが、未来は如来になることになっています。その未来も、五十六億七千万年という天文学的数字の遠い将来に、釈尊と同じように竜華樹《りゅうげじゅ》という樹の下でさとりを開きます。そして、釈尊の時代に救われなかった人々を、すべて救済すると信じられています。

このような仏教思想を象徴するフィクションの弥勒菩薩の代表質問ですが、また私たちも聞きたいところです。

〃本門の釈尊〃の前では、どんな老人でもはるかに若年

「従地涌出品《じゅうじゆじゅっぽん》」は「寿量品」の前の章です。この品（章）の前半は本門の序説であり、本門への導入ですが、後半は本門の本論となって「寿量品」につづきます。法華経のこの構成を知ったうえで弥勒《みろく》の質疑と釈尊の応答を読むと、ここにまた、比喩の教えの妙味を覚えます。

弥勒の問いの対象は、迹門《しゃくもん》の釈尊に向けられているのです。だから、歴史的事実の〃おやじはわしより齢《とし》が上〃でなければ論理は成り立たないのです。対する釈尊は、本門の立場に立っての答えです。釈尊のさとった真理は、釈尊のはるか誕生以前から存在するのです。釈尊以前にこの真理をさとった人たちは迹門の釈尊より高年者ですが、久遠の真理の前には、いかなる老人も、本門の釈尊よりはつねに若者なのです。

弥勒がこの事実に気がつけば、「年二十五の若者が百歳の老人を〃わが子なり〃と言い、その老人もこの若者を〃わが父なり〃と指す」不合理への疑問も氷解するでしょう。つまり絶対の真理の前には、老人も若人も年齢の差もないのです。これは、時間の流れを超えた永遠の場で語られる比喩です。

自我偈は、

毎《つね》に自らこの念を作《な》す「何をもってか衆生《しゆじよう》をして無上道に入り、速《すみやか》に仏身を成就《じようじゆ》することを得せしめん」（毎自作是念　以何令衆生　得入無上道　速成就仏身）（『法華経』下・36ページ）。

（わたしは、つねにこのように考えている。「どのようにしてみんなをさとりに導き、どのようにして、かれらに仏の教えを得させようか」）

と結んで偈を終わるとともに、この四句で、「寿量品」の結びの言葉としています。最後の四句の偈を一言で言うと「どうしたら、人びとを目覚めさせ、いっときも早く人間を完成させることができるであろうか」――いうなれば、本当のしあわせを多くの人々に得させるにはどうしたらいいか――というもので、これは、「寿量品」に限らず法華経のこころそのものです。いや法華経だけではない、仏教のすべての聖典、大乗仏教共通の願いです。

仏道を修めようとする人たち（菩薩）が起こす四つの大きな誓願を「四弘誓願《しくせいがん》」といいます。四句からなる誓願の第一句が「衆生無辺誓願度《しゆじようむへんせいがんど》」（衆生は無辺なれど、誓って度《すく》うことを誓願す)です。後の三句は「煩悩《ぼんのう》無量《むりょう》(尽《じん》)誓願断《せいがんだん》、法門《ほうもん》無尽《むじん》(量《りょう》)誓願学《せいがんがく》(知《ち》)、仏道《ぶつどう》無上《むじょう》誓願成《せいがんじょう》(証《しょう》)」と宗旨《しゅうし》によって若干の違いがありますが、第一句だけは、どの宗旨宗派にも共通する点に、大乗仏教のこころが感じられましょう。

また先に学んだ「化城喩《けじょうゆ》」の収録されている「化城喩品」に、「願わくは此《この》功徳《くどく》を以《も》って、普《あまね》く一切に及ぼし、我らと衆生と皆与《みなとも》に仏道を成せん」の偈文《げもん》があることを思い合わすと、仏道の修行はみんなをしあわせにすること、そのしあわせとは、めいめいの人間完成(成仏)をはかる一点に尽きるということが、よくわかります。

「寿量品」と『聖書』に共通する点

法華経の寿量品のいう久遠《くおん》のいのちとは、要するに法《ダルマ》のことです。法・真理は久遠の過去から、現在を通じて、永遠の未来にいたるまで存在するから〝法(仏)のいのちは永遠のいのち〟なのです。

このことは、また新約聖書の〔ヨハネ伝一・一〕に見る次の教えを想記させます。

「はじめにことばあり　ことばは神とともにあり　ことばは神なりき」

ヨハネ伝〔ヨハネ福音書《ふくいんしょ》〕は、キリストが神の子であることによって、永遠の生命を得させようとする目的のもとに書かれた書であることも、「寿量品」と比べて興味深いものがあります。「はじめに」は、ものごとが始まった段階ではなく、永遠の昔でしょう。仏教用語の「無始《むし》」もそうです。無始——始めがないとは、いくらさかのぼっても、ここが始まりだという始めの一点を知りえないことをいいます。

「ことば」は、いわゆる言葉ではなく、真理を意味する理《ロゴス》です。世界の根底に横たわっている理性的法則が理《ロゴス》で、仏教なら法《ダルマ》に当たります。理も法も生命力とも解されます。キリスト教思想によれば「神は、この生命力（理）の根源として存在する」といいます。

私は、いつも机の間近に聖書を置いて、読ませていただきます。あるとき、たまたま開いた聖書のページで、先の福音書のことばに触れたのです。そのとき、私は神も仏も、理も法も身近にあることを知ったわけですが、そのよろこびはいまも忘れられません。

多くの経典、もちろん法華経も含めて——の冒頭には、「如是我聞《にょぜがもん》」（このように私は聞いた）とあります。はじめに記したように、『法華経』は釈尊の滅後に編纂《へんさん》された経典であるのに、なぜ釈尊から直接聴講したかのように語り出すのでしょうか。私は、長い間疑問に思いましたが、最近やっとわかりました。

つまり、このように私は聞いた——という「私」という自我がある間は、人間の言葉しか聞こえません。しかし、自我が取れると「このように聞こえてまいります」というぐあいに耳が開けます。聞こうと思わなくても自然に聞こえてくるのが、理《コトバ》であり法《ダルマ》です。法身の釈尊が、常に惜しみなく説法されているのですから、聞こえてこないほうが異常でしょう。鳥の声も、波の音も、みな私たちに何かを教えてくれる理《コトバ》であり、法《ダルマ》です。

親不孝の私にも、四十八年前に亡くした父の叱責の言葉のあやが、ようやく聞こえてまいりました。「如是我聞」とは、こういうことではないでしょうか。

〈むすびに〉「自分とは何か」の探求をこそ――

〝法華経の読み方〟に示唆《しさ》を与える道元《どうげん》のことば

法華経は、これまで学習したように、大乗仏教の根源をなす思想ですから、中国でも日本でも、この経を学ばない高僧は一人もありません。中国なら智顗《ちぎ》（天台大師）、日本では最澄《さいちょう》（伝教大師）・日蓮《にちれん》聖人など、とくに日蓮聖人は法華経に基づいて、末法とよばれる悪い時代に苦しむすべての人々を救い、平和な理想社会を実現しようと「日蓮宗」を開きました。

その他、法然《ほうねん》・親鸞《しんらん》各宗祖も叡山《えいざん》で法華経を学んでいます。禅系統では、臨済《りんざい》の白隠《はくいん》と法華経とのかかわりあいはすでに学びました。曹洞《そうとう》宗の宗祖道元《どうげん》に大著『正法眼蔵《しょうぼうげんぞう》』がありますが、この著書の基幹となっているのも法華経のこころです。『正法眼蔵』のどの巻をとっても、法華経の声が聞こえるくらいです。

道元は、五十四歳というけっして長寿とはいえない一生でしたが、亡《な》くなる直前に、法華経第二十一章「如来神力品《にょらいじんりきほん》」の一節を低声で誦《とな》えながら、室中を歩きます（経行《きんひん》という）。

経行を終わって、「神力品」の一節を部屋の正面の柱に書きつけ、また「南無妙法蓮華経庵」とも書きとめたといいます（『建撕記《けんぜいき》』）。

道元が四十一歳のとき、慧達《えたつ》という青年が道元の弟子になって修行に励みます。道元は慧達の修行を賞《ほ》めて「法華転法華《ほっけてんほっけ》」の一書を書き与えます。慧達は、たんなる新参の弟子でなく、法華経行者として、すでに一家をなしていたらしく、何か感ずるところがあって道元を訪ねたのであろうといわれています。

「法華転法華」は、『正法眼蔵』の第三十巻「看経《かんきん》」に収められています。

この書の中で道元は、八世紀の中国の禅僧慧能《えのう》（七一三年没）が、「法華経を三千回も読んだ」と読誦数《どくじゅすう》の多いのを誇る法達《ほうたつ》という僧を戒めた逸話を挙げています。そのとき、慧能の示した偈《げ》、

「心迷えば法華に転《てん》ぜられ、心さとれば法華を転ず、誦《じゅ》すること久しくして己《おのれ》を明《あき》ら

めざれば、讐家《そうけ》となる義を与う。無念の念は即ち正なり、有念《うねん》の念は邪と成る、有無倶《とも》に計《けい》せざれば、長く白牛車《びゃくごしゃ》に御《ぎょ》せん」

を、道元も慧達に紹介しています。この偈を意訳するとこうなります。

〔心が迷うと、法華に転ぜられる（真理から離れる）。心がさとると法華を転ずる（真理と一つになる）。法華経をどれほどたくさん読んでも、自己を明らかに学ぼうとしなかったら、かえって法華の敵となる。経を読むことにとらわれない、すなわち無念のこころこそ正となる。とらわれる心と相対の念は邪となる。念《おも》いがあるとか念いがないとか、そのいずれにもとらわれないとき解脱となり、永遠に一乗の白牛車《びゃくごしゃ》（本書・43ページ）の人となることができる（成仏できる）〕

慧能《えのう》は「法華経を読んでも、法華経に読まれるな」と法達《ほうたつ》を戒めます。しかし、それは法達に限らず、法華経を学ぶ私たちのために、慧能の言を道元が取り次いでくれたと思うべきです。

経を暗誦して得意になることの空しさ

昔から〝人、酒を呑む、酒、酒を呑む、酒、人を呑む〟とのことわざがあります。とかく、酒を呑んでいても酔いがまわるにつれ、酒に呑まれて理性を失い、酒のとりこになってしまうものです。

法華経（法華経に限らないが）を読む場合も同じです。読経を重ねるうちに「私は、○○品を暗記して経典がなくても誦《よ》める」と得意になるのは、経に読まれ法華に転ぜられるのです。暗《そら》で誦めても、なお経典をうやうやしく手に持って読むのが正しい作法です。酒のとりこになってはならぬように、法華経のとりこになったら、かえって法華経の根本義に背《そむ》いてしまいます。

ここで、もう一つ注意すべきことがあります。それは、慧能も道元も「法華」を法華経だけに限らず「真理そのもの」の意味で用いていることです。すなわち「真理を求めながら真理にとらわれたら、真理の敵となる」とのこころも含められているのです。本来、お経というものは、そういうものです。

聖一《しょういち》国師（円爾《えんに》・一二八〇年没）は、藤原道家《ふじわらのみちいえ》の建立《こんりゅう》した京都の東福寺《とうふくじ》の開山ですが、道家夫人に、

「経陀羅尼《きょうだらに》というは文字にあらず、衆生の本心なり、本心をさとる人まことの経を読むなり」

と教えます。お経や陀羅尼（真言）は文字で書いてあるからといって、経陀羅尼は文字だと思ってはならない。経陀羅尼は、私たちの本心（本性）である。私たちの本心は仏性であるから、仏性をさとる人こそ、本当にお経を誦《よ》む人である——と。

円爾《えんに》の言葉は、道元の「法華経をどれほどたくさん読んでも、自己を明らかに学ぼうとしなかったら、かえって法華の敵となる」との教えと同じです。

〝自己〟という書籍を熟読することの大切さ

現代に生きる私たちに、いちばん欠けているのは、「自己を学ぼう」とする意欲ではないでしょうか。現代は情報時代といわれるだけに、各方面とも情報が氾濫《はんらん》しています。しかし、肝心の「自分とは何であるか」を明らかにする情報は、まったく貧弱をきわめています。

東洋でも西洋でも、人生を一冊の本にたとえますが、私は、自分そのものが一冊の書籍だと考えています。自己を熟読して、自分の情報を的確に入手する努力を忘れているのが、私たちではないでしょうか。

読書を怠ると、私たちの心は荒野から、恐ろしい焼野原になってしまうのです。このときこそ法華経の一句でいいから読んでみませんか。それも文字ではなく、自分を読むのだとの思いを忘れずに、です。

法華経は「誰にも仏性がある」と教えます。仏とは、何度か繰《く》り返し述べてきたように、人間の完成された状態で、人とは仏の未完成のすがたです。

『平家物語』で白拍子《しらびょうし》（歌姫）の妓王《ぎおう》がうたうように、「仏も昔は凡夫なり　我らもついには仏なり　いずれも仏性具せる身を　隔《へだ》つるのみこそ悲しけれ」です。

「人間はみな仏性を具えている」――こんな人間尊厳・人間礼讃は他にないでしょう。この仏性のまわりを、さまざまな悪質・悪性の有毒な雲で取り巻かれているのが、現在の私たちの状態です。しかし、毒雲の層があまりにも厚いために、それを自分の本性だと誤認しているのです。

霊峰の富士山でも黒雲が取り巻いたら、私たちは富士山を見失ってしまいます。しかし、どんなに深い黒雲でも晴れるときがあるのです。晴れたら再び富士山が見える喜びを信じましょう。

黒雲に似た現代のあらゆる悪の現象の奥に、不滅の霊性ともいうべき仏性が秘められているのです。

どのような人間の心の奥底にも、純粋な人間性ともいうべき仏性が蔵されていると信じて、仏性を開発するのが、みんなが度《すく》われていく道です。

自分が度われるということは、自分の中の仏性に気づいて、この仏性を開発していくことです。自分の仏性に目覚めるのが自分を度うことです。この意味で人間を度うのは、人間が人間であることに目覚めること以外にないとするのが、法華経の宗教的な願い（想念）です。

また仏性は、誰もが例外なく具えているのですが、ただ気がつかないだけです。よって、この事実に気づかせてあげるのが、他を度《すく》うということになります。他を教育するということも、みなが仏性を持っているという尊厳な事実をわからせ、それによって、純粋な人間性に目覚めさせることに他《ほか》ならず、これが法華経の教育的理念です。よって、教育理念と宗教的想念とが一つになるのを理想とするのが、法華経のこころといえましょう。

〈参考〉――法華経・全28章のあらすじ

〈第一章「序品《じょほん》」〉プロローグとして、法華経が古今に通じ、永遠に変わらぬ真理であることを、劇的な描写で描く。

〈第二章「方便品《ほうべんぼん》」〉この章では、すべての現象がかかわりあって生ずる理由を、「十如《じゅうにょ》是《ぜ》」で説く（本書・3章）。「諸法実相」の道理も示される。また、釈尊がこの世に生まれてきたいわれは〝あらゆる衆生を度《すく》うことにある〟点が強調される。前半の中心となる大切な章。

〈第三章「譬喩品《ひゆほん》」〉「火宅《かたく》の喩《たとえ》」で、前の二章で示された、総合・統一・止揚の一乗思想や、方便こそ真実の教育であることを具体的に示す。さらに、誰もが仏となれる可能性（仏性）を持っている事実を示唆する（本書・2章）。

〈第四章「信解品《しんげほん》」〉めいめいが仏性を持っていることを信じ、理解するのは、実にむずかしい。しかし、この事実を本当に体得すれば、いかにこころ安らかであるかを「長者窮子《ちょうじゃぐうじ》」の比喩が語る（本書・4章）。

〈第五章「薬草喩品《やくそうゆほん》」〉仏法の度《すく》いの上にあらわれた差別と平等のかかわりあいを示し、自分の持前を本当に生かしていく指示を「薬草《やくそう》の喩」が教える（本書・5章）。

〈第六章「授記品《じゅきほん》」〉誰もが仏性を有するという事実を、須菩提《しゅぼだい》らの四大弟子に、具体的に釈尊が授記（願いと保証）という形で示す。

〈第七章「化城喩品《けじょうゆほん》」〉授記されても、仏性を自覚する路は、遠くて険《けわ》しい行程であることを「化城《けじょう》の喩」がさとす（本書・6章）。

〈第八章「五百弟子受記品《ごひやくでしじゅきほん》」〉私たちは仏性を生まれながらに心中に具《そな》えているのであるが、この事実に気がつかなかったり、忘れたりしている愚《おろ》かさを「衣珠《いしゅ》の喩」が暗示する（本書・7章）。

〈第九章「授学・無学人記品《じゅがく・むがくにんきほん》」〉自分は成仏できないと、虚無的人生観に陥《おちい》っていた小乗教徒に対し、釈尊はみな成仏できると、多くの小乗教徒を記別する。

〈第十章「法師品《ほっしほん》」〉この章では、伝道の方法と、伝道者の心構えを説く。法師《ほっし》とは、仏法を信じ実践する人々の呼称。釈尊は、多くの法師に法華経の功徳を説き、「僅《わず》かな一句を一念（きわめて短い時間）の間に信じただけでも成仏を得る」とまで言う。

〈第十一章「見宝塔品《けんほうとうほん》」〉多宝如来《たほうにょらい》（久遠の過去仏の象徴）が、かねての誓願どおり、七宝の塔に乗って大地からセリ上がり、空中に止《とど》まるというドラマティックな情景が記述される。

〈第十二章「提婆達多品《だいばだったほん》」〉　提婆は実在の大悪人。そんな彼にも仏性があって度《すく》われると教える。また八歳の竜宮《りゅうぐう》女子が成仏したとも説かれ、悪人にも、人間でない竜の幼女までにも仏性があることを暗示する。

〈第十三章「勧持品《かんじほん》」〉　釈尊の滅後、法華経伝道者が迫害を受けても、よくそれに耐《た》え忍んで伝道することを誓い、かつそれを勧《すす》める章。

〈第十四章「安楽行品《あんらくぎょうほん》」〉　法華経伝道者の言動のあり方を「髻珠《けいじゅ》の喩」で説く（本書・8章）。以上で前半（迹門《しゃくもん》）を終わる。

〈第十五章「従地涌出品《じゅうじゆじゅつほん》」〉　後半（本門）の始まりの章で、無数の大菩薩たちが大地のいたるところから涌《わ》き出てきて、釈尊の説法を聞く。

〈第十六章「如来寿量品《にょらいじゅりょうほん》」〉　法華経のピークといわれる章。「医子《いし》の喩《たとえ》」で、肉体を持つ歴史上（迹門）の釈尊の本体は、法（真理）を人格化した法身《ほっしん》（本門）の釈尊である旨《むね》を明らかにする（本書・9章）。

〈第十七章「分別功徳品《ふんべつくどくほん》」〉　先の寿量品を聞いてさとった人たちへ、成仏の証明を与える。

〈第十八章「随喜功徳品《ずいきくどくほん》」〉　釈尊滅後の初心における、法華経信者の修行の立場を説く。

〈第十九章「法師功徳品《ほっしくどくほん》」〉法華経を説く法師《ほっし》の功徳《くどく》を説く。

〈第二十章「常不軽菩薩品《じょうふきょうぼさつほん》」〉常不軽菩薩《じょうふきょうぼさつ》が登場し、迫害を受けながらも、誰彼の区別なく礼拝《らいはい》して、「私は、あなた方を軽蔑しない、やがてあなた方は仏となるからだ」と言う。

〈第二十一章「如来神力品《にょらいじんりきほん》」〉次章とともに、法華経の流通を釈尊が委嘱《いしょく》する。

〈第二十二章「嘱累品《ぞくるいほん》」〉「見宝塔品」から開かれていた法華経の講座は、この章で終わる。「嘱累《ぞくるい》」とは、遺産を譲与したり伝授することで、ここでは、法華経の宣布の嘱託を意味する。法華経の主な思想は、ここで完結し、以下の章は、現実の応用や法華経の功徳を展開する。

〈第二十三章「薬王菩薩本事品《やくおうぼさつほんじほん》」〉法華経思想の実践として、フィクションの薬王菩薩が「未来の衆生の心身の病《やまい》を治そう」と発願《ほつがん》し、身を燃やして仏を供養する。

〈第二十四章「妙音菩薩品《みょうおんぼさつほん》」〉主役の妙音《みょうおん》菩薩が「巌《いわお》のように揺《ゆる》がぬ不動《ふどう》のこころと、自由自在に他者の身になれる能力」でもって、法華経のこころを宣布する。

〈第二十五章「観世音菩薩普門品《かんぜおんぼさつふもんぼん》」〉『観音経《かんのんきょう》』の略称で、一般によく知られている（拙著『観音経入門』祥伝社新書参照）。

〈第二十六章「陀羅尼品《だらにほん》」〉法華経信者を守る真言《しんごん》が説かれる。「鬼子母《きしも》」が登場し、人間の子を殺しては食べる悪神だったのが、釈尊にさとされて、子を守る善神に転じる。

〈第二十七章「妙荘厳王本事品《みようしようごんおうほんじほん》」〉ある国の二人の王子が、異教徒である父王を熱心に説いて、法華経信者に転向させる経過を述べた章。

〈第二十八章「普賢菩薩勧発品《ふげんぼさつかんぼつほん》」〉いよいよ法華経の説法が終わろうとするとき、はるばる東方の国から普賢菩薩《ふげんぼさつ》が、他の菩薩と連れだって釈尊を訪ね、「釈尊の滅後は、どのようにしたら法華経の教えが得られるであろうか」と問う。釈尊はこの問いに答え、さらにこの経を受持する者の功徳を述べ、法華経を説き終える。

切りとり線

★読者のみなさまにお願い

この本をお読みになって、どんな感想をお持ちでしょうか。祥伝社のホームページから書評をお送りいただけたら、ありがたく存じます。今後の企画の参考にさせていただきます。また、次ページの原稿用紙を切り取り、左記まで郵送していただいても結構です。

お寄せいただいた書評は、ご了解のうえ新聞・雑誌などを通じて紹介させていただくこともあります。採用の場合は、特製図書カードを差しあげます。

なお、ご記入いただいたお名前、ご住所、ご連絡先等は、書評紹介の事前了解、謝礼のお届け以外の目的で利用することはありません。また、それらの情報を6カ月を超えて保管することもありません。

〒101―8701（お手紙は郵便番号だけで届きます）
祥伝社新書編集部
電話03（3265）2310
祥伝社ホームページ　http://www.shodensha.co.jp/bookreview/

★本書の購買動機（新聞名か雑誌名、あるいは○をつけてください）

＿＿＿＿新聞の広告を見て	＿＿＿＿誌の広告を見て	＿＿＿＿新聞の書評を見て	＿＿＿＿誌の書評を見て	書店で見かけて	知人のすすめで

★100字書評……法華経入門

名前

住所

年齢

職業

松原泰道　まつばら・たいどう

1907年（明治40年）東京生まれ。1931年（昭和6年）早稲田大学文学部卒。岐阜・瑞龍寺専門道場で修行。昭和26年臨済宗妙心寺派教学部長。昭和52年まで龍源寺住職。全国青少年教化協議会理事、「南無の会」会長等を歴任し、各種文化センター講師をつとめるなど、講演・著作に幅広く活躍。現代の「語り部」として、仏の教えを分かりやすく現代の言葉に置き換えて、嚙み砕くように説き続けた。平成元年、第23回仏教文化伝道文化賞受賞。著書多数。平成21年、101歳で逝去。

法華経入門《ほけきようにゆうもん》

松原泰道《まつばらたいどう》

2010年7月10日　初版第1刷発行
2018年4月10日　第2刷発行

発行者……………辻 浩明
発行所……………祥伝社《しょうでんしゃ》
〒101-8701　東京都千代田区神田神保町3-3
電話　03(3265)2081(販売部)
電話　03(3265)2310(編集部)
電話　03(3265)3622(業務部)
ホームページ　http://www.shodensha.co.jp/

装丁者……………盛川和洋
印刷所……………萩原印刷
製本所……………ナショナル製本

Printed in Japan　ISBN978-4-396-11209-7　C0215